Fray Luis De León

A Perfeita Mulher Casada

FRAY LUIS DE LEÓN

A PERFEITA MULHER CASADA

Tradução
Liliana Raquel Chwat

Av. Profª Ida Kolb, 551 – Casa Verde
Cep 02518-000 – São Paulo – SP
Tel.: (11) 3855-2100
Fax: (11) 3857-9643
Internet: www.escala.com.br
E-mail: escala@escala.com.br
Caixa Postal: 16.381
CEP 02599-970 – São Paulo – SP

Fray Luiz de León
A Perfeita Mulher Casada
Título Original
La Perfecta Casada

Diagramação: Alex de Campos
Revisão: Maria Nazaré de Souza Lima Baracho
Capa: Giliard Andrade e Marcelo Serikaku
Colaborador: Luciano Oliveira Dias
Coordenação editorial: Ciro Mioranza

Índice

Apresentação..7
Vida e Obra do Autor..9
A Perfeita Mulher Casada... 11

Apresentação

Publicado em 1583, o livro *La Perfecta Casada* foi escrito em homenagem a Maria Varela Osorio, mulher distinta da sociedade de Salamanca, por ocasião de seu casamento. O autor compõe a obra baseando-se nos textos bíblicos que falam da mulher e, sobretudo, da casada, da mulher sábia e temente a Deus.

Na verdade, Luis de León constrói o modelo da figura feminina dentro dos padrões éticos e religiosos da Idade Média e do período do Renascimento. Recorre aos textos da Bíblia como simples artifício para expor suas idéias e mesmo aquelas correntes na sociedade da época sobre a mulher. Mais que artifício, o recurso aos textos sagrados hebraico-cristãos reflete o modo de pensar do homem medieval e pós-renascentista. De fato, tudo era centrado no cristianismo, todo argumento devia reportar-se sempre à Bíblia, livro que, por ser inspirado por Deus, necessariamente explicava todas as coisas que ocorriam neste planeta habitado pelos homens e obrigatoriamente devia explicá-las na Europa essencialmente cristã.

Cumpre salientar que o grande movimento da Renascença havia tentado diluir essa influência marcante da Bíblia e da religião cristã na sociedade medieval, recuperando e difundindo os textos da antigüidade clássica greco-latina nas Universidades e outros centros de estudo. Apesar disso, a Sagrada Escritura permaneceu intocável como um texto de inspiração divina que sequer devia ser discutido e, muito menos, posto em dúvida em qualquer passagem que fosse. Houve quem tentasse demonstrar por outras vias o que ocorre em nosso universo e mesmo em nossa sociedade muito humana e pouco divina, pondo em discussão o texto bíblico. Houve quem tentasse, mas pagou o preço. Que o diga Galileu

Galilei (1564-1642), que o diga o próprio Luis de León (ver biografia, mais adiante) e outros.

Embora recorrendo a passagens bíblicas para escrever *A Perfeita Mulher Casada*, o autor expõe o pensamento da época a respeito da mulher. O livro é, em primeiro lugar, uma espécie de tratado moral, mas revela sobretudo como a figura da mulher era vista e considerada no século XVI, como pessoa, como esposa, como mãe e como se inseria na sociedade e qual o espaço que lhe era permitido ocupar no lar, na comunidade e até mesmo na Igreja. Para o homem do século XXI podem parecer estranhas colocações constantes nesta obra, mas deve-se ter presente que hoje vivemos em outro contexto social, político e mesmo religioso, contexto que dispensa maiores comentários. De qualquer forma, *A Perfeita Mulher Casada* é um livro interessante e profundamente informativo com relação ao que pensavam nossos antepassados sobre a mulher.

Ciro Mioranza

Vida e Obra do Autor

Luis de León nasceu em Belmonte del Tajo (Cuenca), Espanha, no ano de 1527. Entrou no seminário dos padres agostinianos, onde fez seus estudos de filosofia e teologia, complementados pelos das letras clássicas (grego e latim). Tornou-se sacerdote na mesma Ordem de Santo Agostinho (à qual havia pertencido também Marinho Lutero, fundador do movimento protestante), antepondo a seu nome o designativo de Fray (frei), ficando conhecido nos meios eclesiásticos e literários como Fray Luis de León.

Poeta e prosador, dedicou sua vida ao estudo e ao magistério. Foi professor na Universidade de Salamanca durante muitos anos. Além dos livros assinalados mais adiante, deixou primorosas traduções de clássicos latinos, como Horácio e Virgílio, e de textos bíblicos, como os Salmos. Por causa de suas posições críticas sobre determinações emanadas pelo Concílio de Trento (1545-1563), Luis de León foi processado e preso pela Inquisição. Reconhecida sua ortodoxia, foi reabilitado e readmitido na Universidade de Salamanca, onde pôde ocupar novamente sua cátedra. Morreu em 1591.

Principais obras:
Exposición del libro de Job
La Perfecta Casada
Los Nombres de Cristo
Oda a Salinas

A Perfeita Mulher Casada

À Dona Maria Varela Osorio

Este novo estado em que Deus a colocou, sujeitando-a às leis do santo matrimônio, apesar de se apresentar como caminho real, mais aberto e menos trabalhoso que outros, não carece contudo de dificuldades e maus passos. É o caminho onde também se tropeça, corre-se perigo, erra-se e que tem necessidade de guia como os demais. Porque servir ao marido, governar a família, a criação dos filhos, a conta que junto com isso se deve ao temor de Deus, à guarda e limpeza da consciência, tudo o que pertence ao estado e ao ofício da mulher casada, são obras que requerem cada uma por si mesma muito cuidado e que, todas juntas, não podem ser cumpridas sem o favor particular do céu. Nisso se enganam muitas mulheres que pensam que casar-se não é mais que deixar a casa do pai, indo para a do marido; sair da servidão para a liberdade e a felicidade. E ainda pensam que, parindo um filho de tanto em tanto e jogando-o nos braços de uma ama, são mulheres plenas, quando na verdade são obrigadas a coisas muito diferentes pela condição de seu estado.

Já que o seu bom senso e a inclinação a toda virtude, com a qual Deus a dotou, me garantem para que não tema que será como algumas dessas que menciono, entretanto, o profundo amor que lhe tenho e o desejo de seu bem que arde em mim, me impelem a lhe fornecer algum aviso, para que procure e acenda alguma luz que, sem engano nem erro, ilumine e endireite seus passos por todos os maus passos desse caminho, por todas as voltas e rodeios que ele dá.

Como costumam os que fizeram uma longa navegação, ou os que peregrinaram por lugares estranhos, que a seus amigos, os que querem empreender a mesma navegação e caminho, antes de começá-lo, antes de partir de suas casas, com diligência e cuidado, dizem-lhes detalhadamente os lugares por onde devem passar, das coisas que devem se precaver; informam-nos de tudo aquilo que acreditam seja necessário, assim eu, nesta jornada que você começou, lhe ensinarei, não o que me ensinou a própria experiência passada, porque é alheia a minha profissão, e sim o que aprendi nas Sagradas Letras, que é o ensinamento do Espírito Santo. Nelas como em uma loja comum e como em um mercado público e geral, para o uso e proveito de todos os homens, põe a piedade e sabedoria divina copiosamente tudo aquilo que é necessário e convém a cada estado; e marcadamente neste das casadas se revê e desce tanto ao particular que chega até, entrando por suas casas, a colocar a agulha em suas mãos, preparar a roca e mover o fuso entre os dedos. Na verdade, mesmo que o estado do matrimônio em grau e perfeição seja menor que o dos castos ou virgens, porém, pela necessidade que há dele no mundo para que se conservem os homens, para que saiam deles os que nascem para ser filhos de Deus, para honrar a terra e alegrar o céu com glória, foi sempre muito honrado e privilegiado pelo Espírito Santo nas Letras Sagradas. Por elas sabemos que este estado é o primeiro e mais antigo de todos os estados, e sabemos que é moradia, não inventada depois que nossa natureza se corrompeu pelo pecado e foi condenada à morte, e sim ordenada logo no início, quando os homens eram integros e bem-aventuradamente perfeitos no paraíso.

Elas mesmas nos ensinam que Deus por si mesmo promoveu o primeiro casamento, que uniu as mãos a todos os primeiros casados, os abençoou e foi justamente, por assim dizer, o casamenteiro e o sacerdote. Ali vemos que a primeira verdade que nelas se escreve é que Deus disse para nos ensinar e a primeira doutrina que saiu de sua boca foi a aprovação, dizendo: "Não é bom que o homem esteja só" *(Gênesis, 2)*.

Não só nos livros do Antigo Testamento, onde ser estéril era maldição, mas também nos do Novo, nos quais se aconselha e aprego geralmente como ao som de trombetas, a continência e a virgindade; ao matrimônio são feitos novos favores. Cristo, nosso Senhor, sendo Ele a flor da virgindade e máximo amante da virgindade e limpeza, é convidado para algumas bodas, se encontra presente nelas, come nelas e as santifica, não somente com a majestade de sua presença, mas também com um de seus primeiros e marcantes milagres.

Ele mesmo, tendo-se enfraquecido a lei conjugal e se afrouxado de certo modo o estreito nó do matrimônio, havendo os homens deixado entrar muitas coisas alheias à limpeza, firmeza e unidade que há nele; assim pois, acontecendo que um homem tomara uma mulher quase que só para receber uma moça de serviço, paga pelo tempo que quisesse, o próprio Cristo, entre as principais partes de sua doutrina e entre as coisas para cuja solução havia sido enviado por seu Pai, reparou também este vínculo santo, restituindo-lhe assim o primeiro grau. E principalmente, fez do casamento que tratam os homens entre si, significado e sacramento santíssimo do laço de amor com que Ele se une às almas e quis que a lei matrimonial do homem com a mulher fosse como retrato e imagem viva da unidade dulcíssima e tão estreita que há entre Ele e sua Igreja; e assim enobreceu o matrimônio com riquíssimos dons de sua graça e de outros bens do céu.

É sabido que o estado dos casados é estado nobre e santo, muito apreciado por Deus; eles são avisados muito em particular e detalhadamente o que lhes convém, nas Sagradas Letras pelo Espírito Santo; o qual, por sua infinita bondade, não deixa de colocar os olhos em nossas baixezas, nem tem por vil ou pequena nenhuma das coisas que nos fazem bem.

Entre as muitas passagens dos divinos livros que tratam disso, a mais própria e onde está recapitulado tudo ou a maior parte que se refere a isto em particular, é o último capítulo dos Provérbios, onde Deus, pela boca de Salomão, rei e seu profeta, e como a pessoa de uma mulher, mãe do próprio Salomão, cujas palavras ele põe e refere com grande beleza de razões pintando uma virtuosa mulher casada, com todas as suas cores e partes, para que, as que pretendem sê-lo, e devem pretendê-lo todas as que se casam, se espelhem nela, como em um espelho claríssimo, e saibam, olhando-se ali, tudo que lhes convém para fazer o que devem.

Assim, conforme costumam fazer os que entendem de pintura e mostram algumas imagens de excelente qualidade aos que não entendem tanto de arte, mostrando o que está longe e o que está pintado como próximo, realaçam as luzes e as sombras, a força da perspectiva, e com a destreza das palavras fazem com que o que na tela parecia estar morto, viva e quase se mova frente aos olhos dos que o contemplam; nem mais nem menos, meu ofício, nisto que escrevo, será apresentar a você esta imagem que já disse, lavrada por Deus, colocá-la diante de sua vista, lhe assinalar com as palavras, como com o dedo, suas belíssimas figuras com todas suas perfeições; fazer com que veja com claridade o que com grande artifício o saber e a mão de Deus colocou nela encoberto.

Antes disso, que é declarar as leis e condições que carrega a mulher casada em razão de seu estado, será bom que você entenda a estreita obrigação que tem que empregar no cumprimento delas, se empenhando em todas elas com ardente desejo. Como em qualquer outro negócio ou ofício que se pretende, para se sair bem, são necessárias duas coisas: uma, saber o que é e as condições que tem e aquilo em que principalmente consiste: e a outra, gostar realmente; assim, nisso que vamos tratando, primeiro falemos do entendimento e descubramos o que este ofício é, com todas suas qualidades e partes; convém que inclinemos a vontade para saber amá-las e, depois de sabidas, se deseje aplicá-las. Não penso gastar muitas palavras nisso, nem com você, já que é naturalmente inclinada ao bem. Ao que teme a Deus, para que deseje e procure satisfazer seu estado, basta-lhe saber que Deus o manda, e que o próprio e particular que pede a cada um é que responda às obrigações de seu ofício, cumprindo com a sorte que lhe coube. Se falhar nisso, mesmo que em outras coisas cumpra, o ofende. Como na guerra o soldado que abandona seu posto não cumpre com seu capitão, mesmo que em outras coisas lhe sirva, como na comédia vaiam os espectadores o mau ator, mesmo que na vida seja bom, assim os homens que se descuidam de seus ofícios, mesmo que tenham outras virtudes, não agradam a Deus.

Teria você um cozinheiro e pagaria o seu salário, se ele não soubesse usar uma panela, mas tocasse bem um instrumento musical? Deus não quer portanto, em sua casa aquele que não exerce o ofício para o qual foi destinado.

Cristo diz no Evangelho que cada um pegue a sua cruz; não diz que pegue a alheia, mas manda que cada um carregue a sua própria. Não quer que a religiosa esqueça do que é e carregue os cuidados da mulher casada: nem que a mulher casada se esqueça do ofício de sua casa e se torne freira. O homem casado agrada a Deus sendo um bom homem casado, e sendo um bom religioso o frade, o mercador fazendo devidamente seu trabalho, e mesmo o soldado serve a Deus mostrando quando é necessário, seu esforço e contentando-se com seu soldo, como diz São João (*Evangelho de João, 3)*. E a cruz que cada um há de levar e aonde deve chegar para se juntar a Cristo, propriamente é a obrigação e a carga que cada um tem em razão do estado em que vive; e quem cumpre com ele, cumpre com Deus e com sua tentativa, fica honrado e ilustre, e pelo trabalho da cruz, alcança o descanso merecido. Mas pelo contrário, quem não cumpre com isso, mesmo que trabalhe muito cumprindo os ofícios que toma por sua vontade, perde o trabalho e as graças.

Mas a cegueira dos homens é tão miserável e tão grande, que, não havendo dúvida desta verdade, como se fosse ao contrário, e como se nos fosse vedado satisfazer nossos ofícios e ser aqueles que professamos ser, assim temos inimizade com eles e fugimos deles, e colocamos todos os esforços de nossa indústria e cuidado ao fazer o alheio. Você verá algumas pessoas religiosas de profissão que, como se fossem casadas, governam a casa de seus parentes ou de outras pessoas que por sua vontade tomaram a seu cuidado e que contratam ou despedem criados e cuidam de tudo; e pelo contrário, entre as pessoas casadas há outras que, como se suas casas fossem das vizinhas, não cuidam delas e dedicam a vida ao oratório e a esquentar o chão da igreja de manhã e de tarde, e se perde a moça e se afunda, tornando-se um demônio o marido.

Se a uns e outros seguir o que não são custasse menos trabalho que cumprir com aquilo que devem ser, teriam alguma desculpa, ou se, havendo se esforçado muito naquilo que escolheram por vontade própria, o fizessem perfeitamente, seria um consolo de alguma maneira; porém é ao contrário, que nem o religioso, mesmo que trabalhe muito governará como se deve a vida do homem casado, nem jamais o casado chegará àquilo que é ser religioso. Assim como a vida do monastério e as leis e observâncias e todo o entorno da vida monástica favorecem a vida do religioso, para cujo fim tudo isso se ordena, assim ao que, sendo frade, se esquece do frade e se ocupa do que é ser casado, isso se torna um estorvo muito grave. Como suas tentativas e pensamentos e seu alvo, não são o monastério, assim tropeça e ofende em tudo o que é monastério, na portaria, no claustro, no coro e silêncio, na aspereza e humildade da vida; motivo pelo qual lhe convém desistir de sua louca teimosia, romper mediante uma porção de duras dificuldades e subir, como dizem, a água por uma torre.

Do mesmo modo, o estilo de vida da mulher casada, como a convida e alenta a se ocupar de sua casa, assim por outro lado a retrai de tudo o que é ser freira ou religiosa. E assim uns e outros, por não querer fazer o que propriamente deveriam, e por querer fazer aquilo que não lhes concerne, faltam ao que devem e não alcançam o que pretendem, e trabalham incomparavelmente mais do que o fariam trabalhando cada um em seu ofício, ficando seu trabalho sem brilho e sem luz. Como na natureza os monstros que nascem com partes e membros de animais diferentes não se conservam nem vivem, assim esta monstruosidade de diferentes estados em um composto, um na profissão, e outro nas obras, os que a seguem não têm sucesso em suas tentativas; como a natureza detesta os monstros, assim Deus foge deles e os abomina. Por isso dizia a Lei antiga, que nem no campo se pusessem sementes diferentes, nem na tela fosse a trama de um e estame do outro, nem se oferecesse em sacrifício o animal que habitasse a água e a terra.

Coloque em seu coração, com muita firmeza, que ser amiga de Deus é ser uma boa mulher casada, que o bem de sua alma está em ser perfeita em seu estado, que trabalhar e se empenhar, é oferecer a Deus um sacrifício muito aceito de si mesma. E não digo eu, nem me passa pela cabeça, que o casado, ou alguém, devem carecer de oração, e sim falo da diferença que deve haver entre a boa religiosa e a mulher casada; porque naquela, orar é todo seu ofício; nesta, orar é o meio para melhor cumprir seu ofício. Aquela não quis marido, negou o mundo e despediu-se de todos, para conversar sempre e com desembaraço com Cristo; esta deve tratar com Cristo para alcançar dele graça e favor para acertar na criação do filho, para governar bem a casa e servir como se deve ao marido. Aquela deve viver para orar continuamente; esta deve orar para viver como deve. Aquela agrada a Deus se entregando a ele; esta o servirá trabalhando no cuidado da casa por ele.

Mas se você considerar como reluz a grandeza da divina bondade, que se serve de nós com aquilo mesmo que é para nosso proveito. Porque em verdade, quando não houvesse outra coisa que inclinasse a mulher casada a cumprir com seu dever, a paz e o sossego e o grande bem que desta vida tiram e o interesse de ser boa, somente isso já bastava. É sabido que, quando a mulher cuida do seu ofício, o marido a ama, e a família está em harmonia, os filhos aprendem a virtude, a paz reina, a vida prospera. Como a lua cheia, nas noites serenas, desfruta rodeada, como acompanhada de claríssimas luzes, as quais parece que ampliam suas próprias luzes, reverenciando-a; assim a boa mulher casada em sua casa reina e resplandece, atrai para si os olhos e o coração de todos.

O descanso e a segurança a acompanham aonde quer que vá, e para qualquer coisa que olha encontra a alegria e o prazer porque, se colocar os olhos no marido, descansa em seu amor; se os voltar para os filhos, regozija-se com sua virtude; encontra nos criados bom e fiel serviço, e nos negócios proveito e crescimento, tudo lhe é alegre e gostoso; como ao contrário, a que é má dona de casa tudo se transforma em amarguras, como se pode comprovar com infinitos exemplos. Porém não quero me deter em coisas, por nossos pecados, tão claras, nem quero tirar você de seu próprio lugar. Passe os olhos pelos seus vizinhos e conhecidos, revire em sua memória o que ouviu em outras casas. De quantas mulheres sabe que, por não levar em conta seu estado e fazer o que lhe "dá na telha", estão em permanente luta e desgraça com os maridos? Quantas já viu infortunadas e enfeadas com os desconcertos de seus filhos e filhas, a quem não quiseram levar em conta? Quantas padecem em extrema pobreza porque não cuidaram de seus bens ou, melhor dizendo, porque foram a perdição e a ruína delas.

Assim pois, não há coisa mais rica nem mais feliz que a boa mulher, nem pior nem mais desastrada que a mulher casada que não o é; uma e outra coisa nos ensina a Sagrada Escritura. Da boa, diz assim (*Ecl.*, 26): "O marido da mulher boa é venturoso e viverá o dobro de dias, e a mulher de valor põe em seu marido descanso e concluirá os anos de sua vida com paz". (*Ecl.*, 36) "A mulher boa representa boa sorte, e como prêmio dos que temem a Deus, a dará Deus ao homem pelas suas boas obras. O bem da mulher diligente deleitará seu marido e encherá de gordura seus ossos. Grande dom de Deus é o bom trato; bem sobre bem e beleza sobre beleza é uma mulher que é santa e honesta. Como o sol que nasce parece nas alturas do céu, assim o rosto da boa mulher enfeita e embeleza sua casa". E da má diz o contrário. (*Prov.*, 19): "A ciumenta é dor no coração e pranto contínuo, e tratar com a má é tratar com escorpiões. A mulher que promove a discórdia é como uma casa com goteiras e o que perturba a vida é se casar com uma mulher aborrecível.

A tristeza do coração é a maior ferida, e a maldade da mulher representa todas as maldades. Toda chaga, e não chaga do coração; todo mal e não mal de mulher. Não há cabeça pior que a cabeça da víbora, nem ira que iguale à da mulher vexatória. Viver com leões e com dragões é mais fácil que conviver com uma mulher malvada. Todo mal é pequeno em comparação com a mulher má; que aos pecadores caiba tal sorte. Tal como a subida arenosa para os pés anciãos, assim é para o modesto a mulher deslinguada. A má mulher é chaga mortal e destroça o coração. A mulher que não dá prazer ao marido é como o corte das pernas e decaimento das mãos. A mulher deu início ao pecado, e por sua causa morremos todos". E da mesma forma muitas outras razões.

E acontece nisto uma coisa maravilhosa, que, sendo as mulheres pessoas de grande honra e desejosas de ser apreciadas e honradas, como o são todos os de espírito fraco, e gostando de vencer umas às outras, mesmo em coisas pequenas e ninharias, não prezam, isto é, se descuidam e se esquecem do que é sua própria virtude e louvor. Uma mulher gosta de parecer mais formosa que a outra, e se sua vizinha tem melhores adornos ou chapéus, não lhe tem paciência; mas ser dona de casa a põe em vantagem, não se aflige nem se magoa, antes faz questão da honra sobre qualquer miudeza. Tanto é assim que ser vencida naquilo não a magoa, e não vencer nisto a destrói, uma vez que aquilo não é culpa, e isto destrói todo o seu bem e de sua casa; sendo assim, o louvor que por aquilo se alcança é efêmero e vão louvor, e louvor que antes de nascer já perece; para dizer a verdade, nem merece ser chamado de louvor; pelo contrário, elogio que assim se consegue é elogio maciço que tem verdadeiras raízes, que floresce pela boca dos bons julgamentos, que não termina com a idade, nem se gasta com o tempo, antes cresce com os anos e a velhice o renova, e o tempo o reforça, a eternidade se espelha nele, tornando-a sempre mais viva e mais fresca por mil viradas de séculos. Porque a boa mulher é reverenciada pela sua família, amada por seus filhos e adorada pelo marido; os vizinhos a abençoam, e os atuais e vindouros a elogiam e exaltam.

Na verdade, se há sob a lua uma coisa que mereça ser estimada e prezada, é a boa mulher e, em comparação com ela o próprio sol não brilha e são escuras as estrelas; eu não conheço jóia de valor nem de louvor que assim levante e embeleze com claridade e esplendor aos homens, como é aquele tesouro de imortais bens de honestidade, de doçura, de fé, de verdade, de amor, de piedade e entrega, de regozijo e de paz, que encerra e contém em si uma boa mulher quando lhe é dada como companheira pela sua boa sorte.

Se Eurípides, escritor sábio, parece que em geral fala mal de todas, diz que se alguém do passado falou mal delas, e dos presentes o diz, ou se o disserem, os que vierem depois, tudo o que disseram, dizem e dirão, ele só quer dizer e diz; assim pois, se isso diz, não o diz em sua pessoa, e quem o diz tem a justa desculpa de haver sido Medéia o motivo para que o dissesse.

Mas, já que chegamos aqui, é razoável que calem minhas palavras, e comecem a soar as do Espírito Santo, o qual, na doutrina das boas mulheres que traz no livro dos Provérbios, eu ofereço agora aqui a você, começa com os mesmos louvores que acabei de dizer e diz em poucas palavras o que nenhuma língua poderia dizer em muitas; e diz desta maneira:

Quem encontrará mulher de valor? Raro e excessivamente caro é seu preço.

Antes de começar, convém pressupor que, neste capítulo, o Espírito Santo em verdade pinta uma boa mulher casada, declarando as obrigações que tem; também diz e significa, como encobre, debaixo desta pintura, coisas maiores e do mais alto sentido, que se referem a toda a Igreja. Porque se deve entender que a Sagrada Escritura, que é a voz de Deus, é como uma imagem da condição e natureza de Deus; assim como a divindade é juntamente uma única perfeição e muitas perfeições diversas, uma em simplicidade e muitas em valor e eminência, assim a Santa Escritura com as mesmas palavras diz muitas e diferentes coisas, e, como ensinam os santos, na simplicidade de uma mesma sentença se encerra uma grande gestação de sentidos.

E como em Deus tudo o que existe é bom, assim em sua Escritura todos os sentidos que colocou nela o Espírito Santo são verdadeiros. De modo que seguir um sentido não é desprezar o outro, e menos ainda aquele que nestas Sagradas Letras, entre muitos e verdadeiros significados que contém, descobre um entre eles e o declara e nem por isso deve se pensar que despreza os outros significados.

Digo que neste capítulo, Deus, pela boca de Salomão, com as mesmas palavras faz duas coisas: a primeira, instrui e ordena os costumes; a outra, profetiza mistérios secretos. Os costumes que ordena são da mulher casada; os mistérios que profetiza são a criatividade e as condições que haveria de colocar em sua Igreja, de quem fala como se fosse a figura de uma mulher de sua casa. Neste último, indica o que se deve crer; no primeiro, ensina como se deve agir. E porque somente este é o nosso propósito, falaremos somente dele aqui e procuraremos, dentro do possível, extrair e colocar diante dos olhos tudo o que há nesta imagem de virtude que pinta Deus aqui. Diz, pois:

Mulher de valor, quem a encontrará?
Raro e exageradamente caro é seu preço.

Propõe logo no início aquilo que há de dizer, que é a doutrina de uma mulher de valor, ou seja, de uma perfeita mulher casada e louva o que propõe, ou, para dizer melhor, propõe louvando, para despertar e acender nelas este desejo honesto e virtuoso. E para ter maior força o encarecimento, coloca-o por meio de pergunta, dizendo: *"Mulher de valor, quem a encontrará?"* Perguntando e afirmando isso, diz que é difícil encontrá-la e são poucas essas mulheres. Assim, o primeiro louvor para a boa mulher é dizer que ela é coisa rara, ou seja, dizer que é preciosa e excelente, digna de ser muito estimada, porque tudo aquilo que é raro é precioso. Que seja esta sua intenção, parece não haver dúvida, porquanto logo acrescenta: "Inatingível e exagerado é seu preço". Ou como diz o original no mesmo sentido: "Muito além, muito distante do preço das pedras preciosas é seu preço".

Desse modo, portanto, um homem que encontra uma mulher de valor pode desde já se sentir rico e venturoso, entendendo que encontrou uma pérola oriental ou um diamante finíssimo ou uma esmeralda ou alguma outra pedra preciosa de inestimável valor.

É este o primeiro elogio à boa mulher, dizer que é difícil de encontrar. O que é um elogio para as boas, mas é aviso para conhecer geralmente a fraqueza de todas. Não seria grande coisa ser boa se houvesse muitas, ou se em geral não fossem muitos seus males sinistros, os quais são tantos, em verdade, tão extraordinários e diferentes entre si, que, mesmo sendo uma linhagem ou espécie, parecem de diversas espécies. Como zombando neste assunto, foi Focílides ou foi Simônides quem costumava dizer que somente nelas vemos a criatividade e as manhas de todo tipo, como se fossem de sua linhagem: há algumas toscas e livres como cavalos, e outras espertas como raposas, outras agressivas, outras volúveis, outras pesadas, como se fossem feitas de terra e por isso aquela que entre tantos diferentes males acaba sendo boa, merece ser muito elogiada.

Mas vejamos porque o Espírito Santo chama a boa mulher de mulher de valor, e depois veremos com quanta propriedade a compara e antepõe às pedras preciosas. O que aqui chamamos de mulher de valor, que poderíamos chamar de mulher varonil, como Sócrates, referindo-se a Xenofonte, chama as mulheres casadas de perfeitas; por esse motivo ao dizer varonil ou valor, na origem é uma palavra de grande significado e força, de modo tal que somente com muitas palavras se alcança tudo o que significa. Quer dizer virtude de ânimo e fortaleza de coração, indústria e riquezas, poder e vantagem, e finalmente, um ser perfeito, pleno daquelas coisas a quem esta palavra se aplica; tudo isto guarda em si quem é uma boa mulher, e não o é se não o guarda.

Para que entendamos que isso é verdade, a chamou o Espírito Santo com este nome, que encerra em si tão variado tesouro. Porque, mesmo sendo a mulher naturalmente delgada e frágil mais que qualquer outro animal, como se fosse uma coisa quebradiça e melindrosa, e como na vida de casada está sujeita a muitos perigos e se oferecem a cada dia trabalhos e dificuldades muito grandes, exposta a contínuos dissabores e zangas, e, como diz São Paulo, vida onde o ânimo e o coração estão divididos como alheios entre si, acudindo ora os filhos, ora o marido, ora a família; para que tanta fraqueza saia vitoriosa da contenda tão difícil e longa, é necessário que para ser uma boa mulher casada esteja cercada de um nobre esquadrão de virtudes, como são as virtudes que já dissemos e aquelas que em si abraça a propriedade deste nome. Porque o que é bastante para que um homem se saia bem com o negócio que empreende, não é suficiente para que uma mulher responda como deve a seu ofício; quanto mais o sujeito é fraco, maior é a necessidade de ajuda e favor para chegar com uma carga pesada. E como, quando em um material duro que não se rende ao ferro nem à arte, vemos uma figura perfeitamente esculpida, dizemos e reconhecemos que era perfeito e extremado em seu ofício o artífice que a esculpiu, que com a vantagem de seu artifício venceu a dureza indomável do sujeito duro; assim do mesmo modo, mostrar-se uma mulher como deve entre tantas ocasiões e dificuldades de vida, sendo tão fraca, é claro sinal de um caudal de raríssima e quase heróica virtude.

É argumento evidente que quanto mais a natureza é fraca, mais se adianta e avantaja no valor do ânimo. E esta mesma é a causa também por onde, como vemos pela experiência e como nos ensina a história em não poucos exemplos, quando uma mulher se decide a realizar alguma coisa de louvor, vence nisso muitos homens que tentam a mesma coisa. Porque coisa de tão pouco ser como é isso que chamamos de mulher, nunca empreende nem alcança coisa de valor nem de ser, se não for porque a inclina a isso, e a desperta e alenta, alguma força de incrível virtude que, ou o céu colocou em sua alma ou algum dom singular de Deus. Já que vence seu natural e se avoluma como rio, devemos entender necessariamente que possui em si grandes bens. De modo que, com grande verdade e significado de louvor, o Espírito Santo não chamou a mulher boa de boa, nem disse ou perguntou: Quem achará uma boa mulher?, mas chamou-a de mulher de valor; usou para isso uma palavra tão rica e significativa como é a original que dissemos, para nos dizer que a mulher boa é mais que boa e isso que chamamos bom é um modo de dizer que não chega àquilo de excelente que deve ter e tem em si a boa mulher. E, para que um homem seja bom, é suficiente um bem médio, mas na mulher deve ser coisa de muitos e altos quilates, porque não é obra de qualquer oficial, nem lance ordinário, nem bem que se encontra em qualquer lugar, e sim artifício primo e bem incomparável, ou, para dizer melhor, um acúmulo de riquíssimos bens.

Este é o primeiro louvor que lhe dá o Espírito Santo, e deste deriva o segundo, que é compará-la com as pedras preciosas. Neste, em uma palavra, acaba de dizer cabalmente que se encerra tudo o que estamos falando. Porque, assim como a pedra preciosa é de alto e extraordinário valor, assim o bem de uma boa mulher tem altos quilates de virtude; e como a pedra preciosa em si mesma é pouca coisa, e, pela grandeza da virtude secreta, cobra um preço, assim o que na fraqueza da mulher estima como bem, é grande e raro bem; e como nas pedras preciosas a que não é muito fina não é boa, assim nas mulheres não há meio-termo, nem é boa a que não é muito boa. Do mesmo modo que é rico um homem que possui uma preciosa esmeralda ou um diamante, mesmo que não tenha outra coisa; possuir estas pedras não é possuir uma pedra, e sim possuir nela um tesouro abreviado; assim uma boa mulher não é uma mulher e sim um acúmulo de riquezas, e quem a possui é rico só com ela e somente ela pode fazê-lo venturoso e afortunado; do mesmo modo que a pedra é levada nos dedos e colocada diante dos olhos, e assenta-se sobre a cabeça para beleza e honra dela, o dono tem ali juntamente apoio na alegria e socorro na necessidade, nem mais nem menos o marido deve gostar mais da mulher que de seus próprios olhos, e há de levá-la sobre sua cabeça, e o melhor lugar no coração do homem deve ser para ela, ou, para dizer melhor, todo seu coração e sua alma; e há de entender que ao tê-la, tem um tesouro geral para todas as diferenças de tempos que é a varinha de virtudes, como dizem, que em qualquer tempo e conjuntura responderá com seu gosto e preencherá seu desejo; que na alegria tem nela doce companhia com quem acrescentará seu prazer, comunicando-o; e na tristeza, amoroso consolo; nas dúvidas, conselho fiel; nos trabalhos, repouo; nas faltas, socorro; e medicina nas doenças, aumento de seus bens, vigia de sua casa, mestra de seus filhos, provedora de seus excessos; e finalmente, nas boas e más situações na prosperidade e adversidade, na idade florida e na velhice cansada, e, durante toda a vida, doce amor, paz e descanso.

Até aqui chegam os elogios de Deus a esta mulher; vejamos agora o que segue depois disso:

Confia nela o coração de seu marido;
não lhe farão falta os despojos.

Depois de haver proposto o sujeito de sua razão e de havermos nos aficionado a ele, louvando-o, começa a especificar as boas partes dele e aquilo de que se compõe e aperfeiçoa, para que, colocando as mulheres os pés nestas pegadas, e seguindo estes passos, cheguem ao que é a perfeita mulher casada. A perfeição do homem, em qualquer estado, consiste principalmente em agir bem; por isso o Espírito Santo não coloca aqui por partes esta perfeição da qual fala mas somente as obras louváveis às quais está obrigada a mulher casada que pretende ser boa. E a primeira é que deve gerar no coração de seu marido uma grande confiança.

Mas deve-se saber qual é esta confiança da qual se fala; porque pensarão alguns que é a confiança que deve ter o marido de sua mulher, que é honesta e mesmo que seja verdade que com sua bondade a mulher há de alcançar de seu marido esta boa opinião, porém, no meu parecer, o Espírito Santo não trata aqui disto, e a razão de não tratar é justíssima. Primeiro, porque sua intenção é compor aqui uma mulher casada perfeita, e ser uma mulher honesta não conta nem deve contar entre as partes das quais esta perfeição se compõe, e sim, antes, é como o sujeito sobre o qual todo este edifício se apóia; para dizê-lo em uma palavra, é como o ser e a substância da mulher casada; porque se não possui isso, não é mulher, e sim traiçoeira rameira e o pior lodo, o lixo mais hediondo de todos e a mais desprezada. E como no homem, ser dotado de entendimento e razão não é louvor nenhum, porque tê-lo é parte de sua própria natureza, mas se lhe faltasse colocaria nele uma enorme lacuna, assim a mulher não é tão louvável por ser honesta, como é torpe e abominável se não o for. De modo que o Espírito Santo neste lugar não diz à mulher que seja honesta, mas pressupõe que já o seja, e, à que é assim, ensina o que falta e o que deve acrescentar para ser completa e perfeita. Porque, como dissemos acima, tudo isso a que nos referimos é como fazer um retrato ou pintura, onde o pintor não faz a tela, e sim na tela que lhe oferecem e dão, coloca ele os perfis e induz depois as cores, elevando nos devidos lugares as luzes, e baixando as sombras onde convém, dando a devida perfeição à sua figura. E do mesmo modo, Deus, na honestidade da mulher, que é como uma tela, a qual pressupõe como feita e direita, acrescenta ricas cores de virtude, todas aquelas que são necessárias para acabar tão belíssima pintura. Isto é o primeiro.

O segundo, se não fala aqui Deus do que toca esta fé, é porque deseja que esta coisa de honestidade e limpeza a tenham as mulheres tão cravada em seu peito, que nem sequer pensem que possa ser o contrário. E como dizem de Sólon, que foi quem deu leis aos atenienses, que, assinalando para cada malefício suas penas, não impôs castigo para quem matasse o próprio pai, nem fez menção deste delito, porque disse que não convinha que achassem possível os homens, nem como antecedente, um mal semelhante; assim pela mesma razão não trata Deus que a mulher casada seja honesta e fiel porque não deseja que passe pela sua imaginação que é possível ser má. Na verdade é desonestidade para a mulher casta pensar que pode não sê-lo, ou que ao sê-lo faz algo que deva ser elogiada. Que, como é da natureza das aves voar, assim as mulheres casadas devem ter por dote natural, que não se pode romper, bondade e honestidade, e devem estar persuadidas que o contrário é aborrecível, desventurado e fato monstruoso, ou melhor, não devem imaginar que pode acontecer o contrário como não pode ser o fogo frio e a neve quente. Entendendo que quebrar a mulher a fé de seu marido é perderem as estrelas sua luz, caírem os céus, quebrar suas leis a natureza e retornar tudo àquela confusão antiga e primeira.

Também não há de ser isso, como algumas pensam que, ao guardar o corpo íntegro para o marido, no que se refere a conversas, outros gestos e coisinhas miúdas, pensem que estão livres; porque não é honesta aquela que não o é, mas parece. E quando está longe do mal, tanto da imagem ou semelhança, deve permanecer afastada; porque, como bem disse um poeta latino, ela somente é casta quando nem a fama mentindo ousa colocar uma má nota. E, assim como, ao que faz o caminho de Santiago, mesmo que lá não chegue, o chamamos de romeiro; assim sem dúvida é iniciada rameira a que se permite tratar destas coisas que são o caminho.

Se não for isso, de qual confiança Deus fala neste lugar? No que diz a seguir se entende, porque acrescenta: *"Não lhe farão falta os despojos"*. Chama de despojos o que nós chamamos de jóias e adereços da casa, como alguns entendem, ou, como acho mais certo, chama de despojos aos lucros adquiridos por meio de mercadorias. Há de se entender que os homens obtêm ganhos e se sustentam e vivem, ou de lavrar o campo, ou do trato e contratação com outros homens.

A primeira forma de ganho é lucro inocente e santo lucro, porque é puramente natural, porque com ele o homem come de seu trabalho, sem que prejudique nem injurie, nem despreze ninguém, como também porque, do mesmo modo que para as mães é natural sustentar com leite as crianças que gera, e mesmo a elas, guiadas por sua inclinação, também lhes é natural acudir logo aos peitos; assim nossa natureza nos leva e inclina a retirar da terra, que é mãe e geradora nossa, o que convém para nosso sustento.

O outro lucro e modo de adquirir, que tira frutos e se enriquece dos bens alheios, ou com a vontade de seus donos, como fazem os mercadores e os mestres e artífices de outros ofícios, que vendem suas obras, ou pela força e sem vontade como acontece na guerra, é lucro pouco natural e que na maioria das vezes intervém alguma parte de injustiça e de força, e ordinariamente dão com desgosto e sem vontade aquilo que dão as pessoas com quem se ganha. Por esse motivo, tudo o que deste modo se ganha é aqui chamado de despojos, por conveniente razão. Porque, aquilo que enche a casa do mercador, deixa vazio e despojado ao outro que o contrata.

E mesmo que não seja mediante a guerra, porém como na guerra, nem sempre é muito justo. Pois diz agora o Espírito Santo que a primeira parte e a primeira obra onde a mulher casada se aperfeiçoa é fazendo com que seu marido esteja confiante e seguro que, tendo-a, não tem a necessidade de se fazer ao mar, nem de ir à guerra, nem de dar seu dinheiro, para ter sua casa abastada e rica; nem de se enredar em tratos vis e injustos, mas lavrando ele suas propriedades, colhendo seus frutos e tendo a ela como guardiã e beneficiária do que é colhido, tem bastante riqueza.

E que pertença ao ofício da mulher casada, e que sejam parte de sua perfeição estas tarefas, além do que o Espírito Santo ensina, também o demonstra a razão. Porque é certo que a natureza ordenou que os homens casassem, não só a fim de perpetuar nos filhos a linhagem e nome deles, mas também para que eles mesmos em si e em suas pessoas se conservassem, o qual não lhes era possível, nem ao homem só, nem à mulher sem o homem; porque para viver não é suficiente ganhar fazendo, se o que se ganha não se guarda; se o que se adquire se perde, é como se não se adquirisse.

O homem que tem forças para trabalhar a terra e o campo, para sair pelo mundo e contratar com os homens, negociando seus bens, não pode cuidar de sua casa nem tem condições; em compensação, a mulher que, por ser de natureza fraca e fria, é inclinada ao sossego e à escassez, sendo boa para guardar pelo mesmo motivo que não é boa para o esforço e o trabalho de adquirir. E assim, a natureza, em tudo precavida, os juntou, para que prestando cada um deles ao outro sua condição, se conservassem juntos os que não pudessem ficar afastados. E, de inclinações tão diferentes, com arte maravilhosa, e como se faz na música com diversas cordas, fez uma proveitosa e doce harmonia, para que quando o marido estivesse no campo a mulher cuidasse da casa e conservasse um o que o outro colhesse.

Por esse motivo diz bem um poeta que os fundamentos da casa são a mulher e o boi; o boi para arar, e a mulher para guardar. A sua própria natureza faz com que seja da mulher este ofício, e a obriga a esta virtude e parte de sua perfeição, como a parte principal e de importância. Isso se conhece pelos bons e muitos efeitos que produz; dos quais, um é o que coloca aqui Salomão, quando diz que *confia nela o coração de seu marido, e não lhe farão falta os despojos*. Quer dizer, que com ela se contenta com a terra que herdou de seus pais, com a plantação e os frutos dela, e que nem se endivida, nem se envolve com o perigo e desassossego de outras paragens e, para onde quer que olhe, é muito grande seu bem. Se falamos de consciência, viver alguém de seu patrimônio é vida inocente e sem pecado e os demais tratos maravilhosamente carecem dele. Se no sossego, um descansa em sua casa, o outro passa a maior parte da vida em tabernas e nos caminhos. A riqueza do primeiro não ofende ninguém, a do outro é murmurada e desprezada por todos.

Um come da terra, que jamais se cansa nem deixa de comunicar-nos seus bens; o outro é detestado pelos mesmos que o enriquecem. Se olharmos para a honra, certamente não há coisa mais vil nem mais indigna no homem que enganar e mentir, e dificilmente o trato destes carece de enganos.

O que dizer da instituição dos filhos, da ordem da família, da boa disposição do corpo e do ânimo, que vai tudo pelo mesmo caminho? É sabido que quem anda ausente de sua casa encontre nela muitos desconcertos, que nascem e crescem e criam forças com a ausência do dono; forçoso é que quem trata de enganar, seja enganado, e quem contrata e se comunica com pessoas imaginosas e de costumes diversos, adquire muitos maus costumes. Mas, pelo contrário, a vida no campo, cuidar de suas terras é como uma escola de inocência e verdade; porque cada um aprende daqueles com quem negocia e conversa. Como a terra, naquilo que se lhe pede é fiel, como não muda sendo estável e clara, e aberta para brotar e tirar luz de suas riquezas, parece que gera e imprime no peito de quem a lavra uma bondade particular e uma condição simples e um trato verdadeiro e fiel, pleno de integridade, de bons e antigos costumes, dificilmente encontrados em outro tipo de homens. Além de criá-los saudáveis, valentes, alegres e dispostos para qualquer linhagem do bem. E a raiz de todos estes proveitos, onde nascem e se sustentam, é o cuidado e empenho da mulher da qual falamos.

Mas este cuidado consiste em duas coisas: em que não seja custoso, e que seja ativo. Especificamos cada uma. Não deve desperdiçar nem ser gastadora a perfeita mulher casada, porque não tem motivo para sê-lo; já que todas as despesas que fazemos são para prover ou as necessidades ou o deleite; para remediar as faltas naturais com as quais nascemos, de fome e nudez, ou para abastecer os particulares desejos e sabores que fazemos por vício. Nas mulheres, por um lado a natureza colocou uma grande taxa e por outro obrigou-as a que a pusessem. Em verdade, se olharmos naturalmente para as faltas e necessidades das mulheres, veremos que são muito menores que as dos homens; porque é pouco o que precisam por ter menos calor natural, sendo muito feio que comam muito e sejam gulosas.

Com relação às vestimentas, a natureza as fez ociosas para que rasgassem pouco, e por outra parte asseadas, para que o pouco realçasse muito. As que pensam que a postura e os vestidos as tornarão belas, vivem muito enganadas porque quem é, é e quem não é, de nenhuma maneira será nem parecerá e quanto mais se enfeita mais feia fica. De modo que a boa mulher casada, de quem estamos tratando, seja ela feia ou belíssima, não há de querer parecer outra coisa do que é. Assim, quanto ao necessário, a natureza livrou a mulher de muitos custos e, com relação aos deleites e desejos, estão amarradas a estreitas obrigações, para que não sejam dispendiosas. E uma delas é o recolhimento, modéstia e índole que devem à sua natureza; apesar da desordem e o deixar correr solto o desejo vão e não necessário ser vituperável em todo tipo de pessoa, nas mulheres, que nasceram para sujeição e humildade, é muito mais vicioso e vituperável. Sendo assim, não sei como acontece que, quanto são mais obrigadas a ter esse freio, tanto quando o quebram, se desenfreiam mais que os homens e passam muito mais da medida e não tem fim seu apetite.

E assim, seja esta a segunda causa que as obriga a ser muito contidas nas despesas de seus desejos, porque, se começam a se desatinar, se desatinam sem limite e são como um poço sem fundo; nada é suficiente e são como uma chama encoberta que se alastra sem sentir pela casa e pela propriedade, até consumir tudo. Porque não é despesa de um dia, mas de cada dia; nem gasto que se faz uma vez na vida, mas que dura por toda ela; nem são, como se costuma dizer uns poucos, e sim muitos e muitos. Porque se for gulosa, a vida é o almoço e a merenda, a horta e a comadre, o dia bom; e se pensam em galas, a coisa passa de paixão e chega a incrível desatino e loucura, porque hoje é um vestido, amanhã outro e cada festa um diferente; e o que hoje fazem, amanhã desfazem, e tudo o que vêem, desejam.

E vai mais além o furor, porque se tornam mestras e inventoras de novas invenções e trajes, fazem questão de mostrar o que nunca foi visto. Como todos os mestres gostam de ter discípulos que os imitem, elas são tão perdidas que, vendo em outras suas invenções, as detestam e estudam e perdem o sono para fazer outras. E cresce mais seu frenesi, já não lhe agradando o belo, mas o caro; os panos devem ser não sei de onde, e os melhores brocados, o âmbar que banhe as luvas, até os sapatos devem reluzir em ouro também, assim como o toucado e as mantilhas que devem estar muito bordadas; e tudo novo e recente, feito ontem para ser usado hoje e desprezado amanhã. E como cavalos desbocados, quando tomam o freio, quanto mais correm, mais querem correr; como a pedra que cai do alto que quanto mais desce mais se apressa, assim a sede delas cresce; um grande desatino e excesso que fazem é princípio de outro maior, e, quanto mais gastam, mais querem gastar.

Há ainda nisso outro dano muito grande, que os homens, se forem gastadores, a maioria das vezes o são em coisas, que mesmo não necessárias, são porém duradouras ou honrosas, ou têm alguma parte de utilidade e proveito, como os que edificam suntuosamente e os que sustentam grande família, ou como os que gostam de ter muitos cavalos; mas a despesa da mulher é toda fútil; a despesa é muito grande e aquilo no qual gasta, nem vale nem aparece. Em babados e luvas, calçolas, pedras, vidros e outras coisinhas da loja, que nem podem ser olhadas sem nojo ou movidas sem feder. Muitas vezes não gasta tanto um letrado com seus livros, como uma dama para clarear seus cabelos. Deus nos livre de tão grande perdição. E não quero colocar nelas toda a culpa, já que não sou tão injusto; grande parte disto nasce da pouca paciência de seus maridos. Não vamos falar deles, por compaixão; porque, se são culpados, pagam muito caro por isso.

Que não seja a perfeita mulher casada custosa, nem se empenhe em gastar mais que a vizinha, mas que tenha a sua casa mais abastada que ela e mais reparada, e faça com seu asseio e cuidado que o vestido antigo fique como se fosse novo; com a limpeza, qualquer coisa que vestir fica bem. Porque gastar é contrário ao ofício da mulher, e demais para sua necessidade; para os desejos, vicioso e muito torpe e problema infinito que assola as casas e empobrece os moradores; prendendo-os em mil arapucas, os abate e envilece de diferentes maneiras. Com esse mesmo propósito é e pertence o seguinte:

Pague-lhe com bem, não com mal,
todos os dias de sua vida.

Significa que a mulher deve se esforçar, não para causar problemas ao marido e sim para livrá-lo deles e em lhe ser perpétua causa de alegria e descanso. Porque, que vida é a daquele que vê consumir seu patrimônio nos desejos de sua mulher, que seu trabalho é levado todos os dias pelo rio, pelo esgoto, que tomando cada dia novos caminhos, crescendo continuamente suas dívidas, vive vil, escravo, aferrado ao joalheiro e ao mercador?

Deus, quando quis casar o homem, dando-lhe mulher, disse (*Gênesis*, 2): "Façamos-lhe um ajudante que seja semelhante", de onde se entende que o ofício natural da mulher, e o fim para o qual Deus a criou, é para que ajude seu marido e não para que seja sua calamidade e desventura: ajudante e não destruidora. Para que o alivie nos trabalhos que acarreta a vida de casado, e não para que acrescente novas cargas. Para repartir entre si os cuidados, tomar sua parte. E finalmente, não as criou Deus para que sejam rochas onde quebrem os maridos e naufraguem os bens e as vidas, e sim portos desejados e seguros onde, chegando em suas casas, repousem e se refaçam das tormentas dos trabalhos pesadíssimos que realizam fora delas.

Assim como seria lamentável que um mercador, depois de haver padecido navegando grandes fortunas, e depois de haver vencido muitas correntes, navegado por muitos lugares desconhecidos e perigosos, havendo Deus o livrado de tudo, chegando já com sua embarcação inteira e rica, prazeroso e feliz para descansar no porto, quebrasse nele e afundasse; assim é lamentável a miséria dos homens que forcejam todos os dias contra as correntes dos trabalhos e fortunas desta vida, para vadear nelas, e no porto de suas casas perecem; e lhes é a guardiã destruição, e o alívio maior problema, e o sossego ondas de tempestade, e o seguro e o abrigo penhasco áspero e duro.

Onde vemos que o justo e natural é que cada um seja aquilo mesmo que é; e que a guardiã seja a guardiã, e o descanso, e o porto seguro, e a mulher doce e perpétuo refresco e alegria do coração, e um agrado tênue que continuamente esteja trazendo à mão, o peito de seu marido, apagando os problemas dele; e, como diz Salomão: *"Deve lhe pagar com bem e não com mal, todos os dias de sua vida"*. E diz, não sem mistério, que há de lhe pagar bem, para que se entenda que não é graça e liberalidade isto, e sim justiça e dívida que a mulher deve ao marido e que sua natureza carregou sobre ela, criando-a para este ofício, que é agradar e servir, e alegrar e ajudar nos trabalhos da vida e na conservação dos bens daquele com quem se casa; que como o homem está obrigado ao trabalho de adquirir, assim a mulher tem a obrigação de conservar e guardar; que guarda é como o pagamento e salário devido por aquele serviço; que como ele está obrigado a trazer os pesares de fora, assim ela deve aceitá-lo e espairecê-lo quando chega em casa, não tendo desculpa que a desobrigue.

A propósito disto é o exemplo de São Basílio, e o que diz acerca dele: "A víbora, diz, animal ferocíssimo entre as serpentes, vai diligente se casar com a lampreia marinha; chegando, assobia, avisando que está ali, para deste modo atraí-la para o mar e se abraçar maritalmente com ela. Obedecendo, a lampreia se junta à peçonhenta fera sem medo. Por que digo isso? Porque por mais áspero e piores as condições em que o marido esteja, é necessário que a mulher o suporte, e que não consinta de forma alguma que se divida a paz. Oh! É um verdugo? Mas é teu marido! É um ébrio? Mas o acordo matrimonial fez dos dois um só. É áspero e desagradável? Porém já é parte sua e a parte principal. E para que o marido ouça o que lhe convém também: a víbora então, respeitando a união, afasta sua peçonha; e tu não deixarás a crueza desumana de tua natureza, honrando o matrimônio?" Isto é de Basílio.

E além disso, Salomão diz que a boa mulher casada paga bem, e não mal ao marido, é avisar ao marido que deve ser paga e que deve merecê-lo primeiro, tratando-a honrada e amorosamente; porque mesmo sendo verdade que a natureza e o estado põe obrigação na casada, como dissemos, de cuidar de sua casa e de alegrar e distrair continuamente seu marido, nenhuma má condição dele a desobriga; mas não por isso devem pensar eles que têm permissão para ser ferozes com elas e fazê-las escravas; antes como em todo o resto o homem é a cabeça, por isso todo esse tratamento amoroso e honroso deve partir do marido; porque há de entender que é sua companheira, ou melhor dizendo, parte de seu corpo, e a parte fraca e tenra, e a quem pelo mesmo motivo se deve particular cuidado e zelo. E em São Paulo Jesus Cristo, usa esta mesma razão, dizendo (*1.ª Epístola aos Coríntios*, 13):

"Vós os maridos, amai vossas mulheres e, como a vaso mais frágil, colocai mais cuidado de vossa parte para honrá-las e tratá-las bem". Porque, assim como a um vaso rico e bem lavrado, se for de vidro, rodeamos de cuidados, e como no corpo vemos que os membros mais propícios de receber danos a natureza dotou de maiores defesas, assim na casa a mulher, como a parte mais fraca, deve receber melhor tratamento. Além do mais o homem que é a cordura e o valor, o mestre, e todo o bom exemplo de sua casa e família, deve tratar sua mulher como quer que ela seja com ele, e ensinar com seu exemplo o que deseja que ela faça, fazendo que, com seus bons modos e seu amor, ela se preocupe em agradá-lo. Que, se ele que tem mais juízo e coração mais esforçado, e sabe condescender em algumas coisas e ter paciência com outras, em tudo, com razão e sem ela, deseja ser impaciente e furioso; por que a fraqueza e o saber e ânimo menores da mulher acaba sendo algo desgraçado e penoso?

Ainda há nisto outro inconveniente maior: como as mulheres são menos enérgicas, e pouco inclinadas às coisas que são de valor, se não as alentam, quando são maltratadas e não levadas em conta pelos maridos, perdem o ânimo e não conseguem colocar as mãos nem o pensamento em alguma coisa, por melhor que seja. Do mesmo modo que o agricultor sábio, às plantas que olham e se inclinam para o chão, se as deixasse, se estenderiam arrastando-se nele; mas com forquilhas e estacas as apóia endireitando e levantando, para que cresçam em direção ao céu. Do mesmo modo o marido sensato não deve oprimir nem envilecer com más obras e palavras o coração da mulher que é frágil e modesto, mas ao contrário, com amor e com honra há de elevá-la e animá-la, para que sempre conceba pensamentos honrosos. E como a mulher, como dissemos acima, foi dada ao homem para alívio de seus trabalhos, e para repouso e doçura e afago, pela mesma razão e natureza pode ser tratada por ele de modo doce e afetuoso porque não se consente que se despreze alguém que lhe dá conforto e descanso, nem que traga guerra perpétua e sangrenta com aquilo que tem o nome e o ofício da paz.

Ou por que motivo se permite que ela esteja obrigada a lhe pagar serviço e contentamento, e ele se desobrigue de merecê-lo? Pois deva ele e pague porque deve, e mesmo que não deva, pague; porque, se ele não devesse, o que deve a Deus e a seu ofício, põe sobre ela esta dívida de agradar sempre ao seu marido, guardando sua pessoa e sua casa, e não sendo, como já foi dito, cara e gastadora, que é a primeira das duas coisas em que consiste esta guarda.

E contentando-nos com o que dela escrevemos, passemos agora para a segunda, que é ser prendada ou ativa, o que pertence ao que Salomão acrescenta, dizendo:

Buscou lã e linho e obrou com o saber
de suas mãos.

Não diz que o marido comprou linho para que ela lavrasse, mas que ela o procurou para mostrar que a primeira parte de ser prendada é saber aproveitar o que tem em casa, e com aquelas coisas que sobram e que parecem perdidas se abasteça ela de linho e lã, e das demais coisas que são como estas; estas são como as armas e o campo onde descobre sua virtude, a boa mulher. Porque, juntando seu artifício, e ajudando-o com sua preocupação e a de suas criadas, sem fazer novas despesas, e como sem sentir, quando menos pense, encontrará sua casa abastada e cheia de riquezas.

Porém dirão porventura as senhoras delicadas de agora que isso é grosseiro e que aquela é mulher de algum lavrador, que fia e tece, e que o estado dessa mulher é diferente do seu. Respondemos aqui, que esta mulher é o modelo de perfeição de todas as casadas, à qual todas devem se ajustar, tanto quanto lhes for possível; é como o padrão desta virtude, ao qual quem mais se aproxima, mais perfeita é. Prova disso é que o Espírito Santo, que nos fez e nos conhece, querendo ensinar à casada seu estado, a mostra dessa maneira.

Mas para que fique mais claro, tomemos a água de seu princípio e digamos assim. São três os modos de vida, nos quais se dividem e se reduzem todos os modos de moradias, que há entre os que vivem casados: ou lavram a terra ou se sustentam com algum ofício, ou arrendam suas terras a outros e vivem ociosos do fruto delas. Assim, um modo de vida é o dos que lavram, ou seja, vida de lavrador; a outra a dos que contratam, ou seja, vida de contratação; e a terceira é a dos que comem de suas terras, porém lavradas com o suor dos outros e chame-se vida descansada.

À vida de lavrador pertence, não só o lavrador que com um par de bois lavra seu patrimônio, mas também os que com muitas juntas de bois e com uma grande família aram os campos e criam grande quantidade de gado.

A outra vida, que dissemos de contratação, abrange o contratador pobre, o mercador importante, o oficial mecânico, o artífice e o soldado, e finalmente qualquer um que vende seu trabalho ou sua arte ou sua criatividade.

A terceira vida, ociosa, própria dos chamados nobres e cavalheiros e senhores, os que têm arrendatários, ou vassalos de onde tiram suas rendas.

Se alguém nos perguntar qual destas três vidas é a mais perfeita e melhor, dizemos que a de lavrador é a primeira e a verdadeira; e que as outras duas, ao que parece são boas e conforme delas se desviam, são perigosas. Porque deve-se entender que, nesta primeira vida que dizemos de lavrador, há duas coisas: lucro e ocupação; o lucro é inocente e natural, como dissemos acima, e sem agravo ou desgosto alheio; a ocupação é louvável e necessária, e mestre de toda virtude.

A segunda vida, de contratação, se comunica com esta porque é também vida ocupada e isto é o que tem de bom; porém se diferencia do primeiro, que é o lucro, porque a recolhe dos bens alheios, e na maioria das vezes com desgosto dos donos deles e poucas vezes sem um pouco de desvio. E assim, tem menor sua reputação.

Na terceira e última vida, se olharmos para os lucros, são quase iguais à primeira; pelo menos nascem ambas de uma mesma fonte, que é o trabalho da terra, já que, quando chega aos da vida que chamamos ociosa, por parte dos mineiros por onde passa, adquire algumas vezes um colorido ruim sobre o arrendamento e o arrendatário pela desigualdade que costuma haver; mas enfim, na maior parte e quase sempre são lucros e renda, seguros e honrados, e nesta parte esta terceira vida é boa; porém, se olharmos para a ocupação, é completamente diferente da primeira, porque aquela é muito ocupada, e esta muito ociosa, e pela mesma causa, muito exposta a danos e males gravíssimos. De modo que o perfeito e natural, nisto que estamos falando, é a vida de lavrador. Poderia eu me estender aqui louvando-a, mas não o farei para não esquecer meu propósito e porque é coisa sentenciada já pelos sábios antigos; também porque, ao que sabemos, Deus colocou o homem nesta vida, e não na outra, quando o criou, e antes que houvesse pecado; isso nos basta para saber que, de todos os modos de viver, este é o mais natural e melhor.

Deixando, pois, isto como coisa estabelecida, acrescentamos, prosseguindo, que, em todas as coisas que são de uma mesma linhagem há graus de perfeição diferentes; aquilo que todas têm, esteja em umas mais inteiro e em outras menos, a razão pede que a mais avantajada e perfeita seja regra e modelo das demais, que quer dizer que todas devem olhar para a mais avantajada, e aproximar-se dela o máximo possível. A que mais se aproximar será a de melhor sorte. Claro exemplo temos disto nas estrelas e no sol; são todos corpos cheios de luz, e o sol possui mais que todos sendo o mais brilhante e resplandecente, por isso é o que tem a presidência na luz, e a quem todas as coisas brilhantes olham e seguem, e de quem colhem suas luzes, quanto mais se aproximam.

Digo agora que, como entre todos os modos de vida dos homens casados, tenha o mais alto grau de segurança, a agricultura, e seja ela, como se conclui, a medida e a regra que devem seguir e o modelo que devem imitar, não convém de modo algum que o Espírito Santo, que pretende colocar aqui uma que seja modelo das casadas, pusesse uma mercadora, mulher dos que vivem de contratação, ou uma senhora regalada e casada com um ocioso cavalheiro, porque uma e outra são imperfeitas e menos boas, e pelo mesmo motivo inúteis para ser colocadas como exemplo e modelo;

escolheu a melhor sorte, fez uma pintura da perfeita mulher, colocou-a frente aos olhos de todas as mulheres, para que fosse comum a todas; às do mesmo estado, que se ajustassem totalmente com elas, e para as outras, que se aproximassem o máximo possível. Porque, mesmo que não seja para todas o linho e a lã, o fuso e a tela, a preocupação com as criadas, repartir as tarefas e rações, há porém em todas outras coisas que se parecem a estas e podem se espelhar nas boas mulheres casadas. E a todas, sem exceção, lhes cai bem e lhes convém, a cada uma do seu modo, não ser perdidas e gastadoras, e sim prendadas e acrescentadoras de seus bens.

E se o regalo e o mau uso de agora as persuadiu que o descuido e o ócio são parte da nobreza e grandeza, é bom que mudem de idéia. Porque se voltarmos os olhos para trás, e olharmos para os tempos passados, veremos que, sempre que reinou a virtude, a agricultura e o reino andaram irmanados e juntos; e vivemos que viver da granja e do cultivo era a vida usada e que acarretava reputação aos príncipes e grandes senhores.

Abraão, homem riquíssimo e pai de toda a verdadeira nobreza, arou os campos; David, rei invencível e glorioso, não só antes do reino pastoreou ovelhas mas, depois de rei sustentava-se de seus cultivos e de seu gado. E dos romanos, senhores do mundo, sabemos que iam do arado ao consulado, ou seja, ao comando e governo de toda a terra, e voltavam do consulado ao arado. E se não fosse esta vida de nobreza, também devida e conveniente aos mesmos, nunca o poeta Homero em sua poesia, que foi a imagem viva do que a cada pessoa e estado convinha, introduziria Helena, rainha nobre, que quando saiu para ver Telêmaco sentada em sua cadeira, teve ao seu lado uma rica cestinha com pedaços de lãs prontas para fiar, e usadas já fiadas, e a roca para que fiasse. Nem no palácio de Alcino, príncipe de seu povo riquíssimo, de cem damas que tinha a seu serviço fizesse, como fez, cinqüenta fiandeiras. E Penélope, princesa de Ítaca, com seu tecer e destecer, não fingisse o julgamento de tão grande poeta, se o tecido e tecer fosse alheio às mulheres principais. E Plutarco escreve que em Roma todas as mulheres, por mais importantes que fossem, quando se casavam e quando as levava o marido para sua casa, logo na entrada, tinham como cerimônia necessária, uma roca, para que o que primeiro vissem ao entrar em sua casa lhes servisse de aviso de que naquilo haveriam de se ocupar sempre.

Mas será necessário trazer exemplos tão passados e antigos, e colocar diante dos olhos o que, de tão longínquo, quase se perde de vista? Sem sair de nossas casas, na Espanha, e quase na idade de nossos avós, encontramos claros exemplos desta virtude, [como o da rainha dona Isabel a Católica, princesa bem-aventurada]. E se as que são tidas agora duquesas e rainhas não se persuadem pela razão, façam a experiência disso por um breve tempo, e tomem a roca, armem os dedos com a agulha e dedal, e cercadas pelas suas damas, no meio delas, façam trabalhos ricos com elas; ocupem parte da noite nesse exercício, e se furtem ao vicioso sono, e ocupem os pensamentos jovens de suas donzelas nestes trabalhos, e façam com que, animadas com o exemplo de sua senhora, disputem todas entre si, procurando ser a mais prendada; e quando para o adereço ou provisão de suas pessoas e casas não for necessária esta tarefa (apesar de nenhuma casa ser tão grande nem tão real, onde semelhantes obras não tragam honra e proveito) porém, quando não para si, façam-no para remédio e abrigo de cem pobrezas e mil necessidades alheias.

Então, tratem as duquesas e as rainhas o linho, e lavrem a seda, e dêem tarefa a suas damas, e experimentem com elas estes ofícios, e ponham em estado e honra esta virtude; e eu vou lutar para que o mundo as louve, e que seus maridos, os duques e reis, que as prezem por isso e as estimem; e ainda conseguirei com eles que, como pagamento por este cuidado, as absolvam de outros mil importunos e memoráveis trabalhos com que atormentam seus corpos e rostos; que as escusem e livrem de ler os livros de cavalarias, de trazer o soneto e a canção no seio, da graça dos enfeites, o terreiro e do sarau, e de outras cem coisas do tipo, mesmo que nunca as façam. De modo que a boa mulher casada, prendada e caseira, deve ser ou lavradora, do modo como foi dito, ou semelhante à lavradora tanto quanto possível.

E do fato de ser prendada a primeira parte era ser proveitosa, e por causa disso Salomão não disse que o marido comprava o linho para esta mulher, mas ela o procurava e comprava; deve-se advertir algumas que não são prendadas, e por lhes faltar esta parte, são mais caras lavrando que descansando; porque tudo o que fazem e lavram deve vir da casa do joalheiro e do mercador, ou fiado ou comprado a preços maiores, e quer a ventura depois que, tendo vindo muito ouro e muita seda e aljôfar, seja todo o artifício e trabalho um ninho de pássaros, ou coisa semelhante. Pois a estas, que seus maridos as mandem descansar, ou elas o farão sem mandá-las, pois menos ruins são para o sono que para o trabalho; a uma boa mulher, consiste em que nenhuma coisa de sua casa seja desaproveitada, mas que tudo ganhe valor, e cresça em suas mãos, e que, sem saber como, fique rica e tire um tesouro. Que mesmo em tarefas menores saiba tirar algo de bom e proveitoso, e as que se aplicam nesta virtude, elas mesmas o entendem; como, pelo contrário as que são perdidas e desperdiçadoras, por mais que lhes seja dito, nunca aprendem. Atentemos para o que vem a seguir:

Foi como navio de mercador,
que de longe traz seu pão.

A Sagrada Escritura chama de pão a tudo aquilo que pertence e ajuda na provisão de nossa vida. Pois compara Salomão a casada a um navio de mercador abastecido e rico, no qual eficazmente dá a entender a obra e o proveito disto que chamamos e tratamos de caseiro e prendado na mulher. A nau navega pelos mares por diversos lugares, toca em diferentes terras e províncias, e em cada uma delas toma o que nelas há de bom e barato, e para sua terra; dá-lhe maior preço, e dobra e triplica os lucros. Além disso, a riqueza que cabe em um navio, e a mercadoria que abrange, não é riqueza para um homem só ou para um tipo particular de pessoa, mas é provisão para uma cidade inteira, e para todas as diferentes pessoas que há nela; traz panos, e sedas, e brocados, e pedras ricas, e obras belíssimas de todo gênero. Pois isto mesmo acontece com a mulher caseira que como o navio corre por diversas terras buscando lucro; assim ela deve andar por todos os cantos da casa, e recolher tudo o que pareça estar perdido transformando em utilidade e proveito.

E como aquele que navega para as Índias, das agulhas que leva, e dos alfinetes, e outras coisas do tipo, que aqui valem pouco e os índios estimam muito, traz rico ouro e pedras preciosas, assim esta nave há de transformar em riqueza o que parece mais sem importância, e transformá-lo, sem perceber, como faz o navio, que sem parecer que se mexe, nunca descansa; quando os outros dormem, navega e acrescenta só com mudar de ares o valor do que recebe; e assim a prendada mulher estando quieta, não pára; dormindo, permanece em vigília e ociosa, trabalha e quase sem perceber, torna-se rica.

Deve ter visto Vossa Mercê alguma mulher como esta, e dentro de sua casa deve haver muitos exemplos desta virtude. Porém se não deseja pensar em si mesma, e quer ver com quanta propriedade a mulher caseira é como uma nau, coloque diante dos olhos uma mulher que cuida da casa, e do que nela parece perdido faz dinheiro, compra lã e linho; junto com suas criadas o enfeita e trabalha, e verá que, estando sentada com suas mulheres girando o fuso em suas mãos e como a nave, que, sem parecer que se move, vai navegando, e passando um dia, e sucedendo outro, e chegando as noites, e amanhecendo, e correndo como sem se mover a obra, tece-se o tecido e enfeita-se o pano, fazendo ricos trabalhos; quando menos se espera, cheia de prosperidade, entra nossa nave no porto, e começa a desdobrar suas riquezas, e sai dali o agasalho para os criados, a roupa para os filhos e seus melhores enfeites, e apetrechos para o marido, e as camas ricamente ornadas, e os atavios para as paredes da sala e todas as jóias da casa, que são um tesouro sem tamanho. E diz Salomão que traz esta nave de longe seu pão, porque, ao comparar-se o princípio desta obra com o final dela, e medindo bem os caminhos por onde chega a este porto, quase não se percebe como pode se chegar a ele, nem como foi possível, de tão delgados e afastados princípios, chegar a fazer depois tão caudaloso rio.

Mas vamos ao que vem a seguir:
Madrugou e repartiu a seus ajudantes
as rações, e a tarefa a suas criadas.

É, como dissemos, esta mulher que surge aqui e põe como exemplo das boas casadas o Espírito Santo, mulher de lavrador. E a razão pela qual põe como modelo de virtudes uma mulher deste tipo, e não de outras, também está dito. Nessas casas as famílias devem estar habituadas às coisas do campo e é necessário que acorde muito cedo e como, não retorna até a noite, é importante que leve consigo a provisão de comida, e que reparta a cada um a ração para seu sustento, assim como as tarefas para aquele dia; pois sendo assim, diz Salomão que a boa mulher casada não encomendou esta tarefa a uma de suas criadas e ficou se regalando com o sono da manhã descuidadamente em sua cama; mas foi a primeira a se levantar, e ganhou da estrela d'Alva, e amanheceu ela antes que o sol, e por si mesma, e não por mão alheia, forneceu à sua gente e família, tanto o que deviam fazer, como o que haveriam de comer.

Com o que ensina e manda às que são deste tipo, que assim o façam, e, para as que são diferentes, que utilizem a mesma determinação e diligência. Porque, mesmo que não tenham ajudantes nem operários para mandar ao campo, tem cada uma outras coisas como estas, referentes ao bom governo e provisão da casa e de cada dia, que as obriga a despertar e levantar, e colocar nisso seu cuidado e suas mãos. E assim, com estas palavras ditas e entendidas geralmente, avisa duas coisas o Espírito Santo e acrescenta duas novas cores de perfeição e virtude a esta mulher casada. Uma é que seja madrugadora; e a outra que, madrugando, forneça ela logo e por si mesma o que a ordem de sua casa pede: que ambas são coisas importantíssimas. E digamos do primeiro.

Muito se enganam as que pensam que enquanto elas, de quem é a casa, e a quem toca o bem e o mal, dormem e se descuidam, a criada se preocupará e cuidará, coisa que não lhe compete já que olha tudo como alheio. Porque, se o amo dorme, por que despertará o criado? E se a senhora, que é e há de ser o exemplo e a mestra de sua família, e de quem deve aprender cada uma de suas criadas o que convém, se esquece de tudo, pela mesma razão e com maior razão, os demais serão esquecidos e dados ao sono.

Bem disse Aristóteles a esse mesmo respeito, que quem não tem bom modelo, não pode ser bom imitador. Não poderá o servo cuidar da casa, se vê que o dono descuida dela. De modo que há de madrugar a mulher para que madrugue a família. Porque deve entender que sua casa é um corpo, e que ela é sua alma, e que, os membros não se movem se não forem movidos pela alma; assim suas criadas, se não indicar seus trabalhos, não saberão se mexer. E se as criadas madrugassem por si mesmas, dormindo sua senhora e não a tendo por testemunha e por guardiã, é pior que madruguem, porque então a casa, por aquele espaço de tempo, é como um povoado sem rei e sem lei, e como comunidade sem cabeça; e não se levantam para servir, e sim para roubar e destruir.

Assim, como no castelo que está na fronteira ou em um lugar onde se temem os inimigos, nunca faltam os vigias, do mesmo modo, na casa bem governada, quando estão acordados os inimigos, que são os criados, sempre há de velar o senhor. Ele deve ser o último a ir para o leito, e o primeiro a se levantar. E a senhora que isto não fizer, deverá estar preparada para sua grande desventura, persuadida e certa de que seus inimigos entrarão no forte, e que um dia sentirá o dano e no outro verá o roubo, e continuamente a zanga e o mal serviço, e que ao mal da casa acompanhará também o mal da honra; como diz Cristo no Evangelho, enquanto o pai de família dorme, semeia o inimigo a discórdia; assim ela, com seu descuido e sono deixará a liberdade e desonestidade entrarem em sua casa, que abrirá as portas e falseará as chaves e quebrará os cadeados, e penetrará até os últimos segredos, corrompendo as criadas e não parando até contaminar suas filhas: pelo que a senhora que não soube então, nem quis pela manhã despedir dos olhos o sono, nem deixar de dormir um pouco, infortunada e ferida no coração, passará em amargos suspiros, muitas noites velando.

Mas é trabalhoso madrugar e danoso para a saúde! Quando for assim, sendo por outra parte tão proveitoso e necessário para o bom governo da casa e tão devido ao ofício da chamada senhora dela, haveria de se adiar este dano, porque mais deve o homem a seu ofício que a seu corpo, e maior dor e enfermidade é trazer continuamente sua família desordenada e perdida, que padecer um pouco, ou no estômago de fraqueza, ou na cabeça de pesar; madrugar é tão saudável, que à própria razão da saúde, mesmo que não despertasse o cuidado e obrigação da casa, haveria de levantar a casada da cama, amanhecendo.

E guarda nisto Deus, como em todo o resto, a doçura e suavidade de seu sábio governo, em que aquilo que nos obriga é o mesmo que mais convém a nossa natureza e onde recebe por seu serviço o que é nosso proveito. Assim pois, não só a casa, mas também a saúde, pede à boa mulher que madrugue. Porque é certo que nosso corpo é do mesmo material dos outros corpos, e que a ordem que mantém a natureza para o bem e conservação dos demais é a mesma que conserva e dá saúde aos homens. Pois naquela hora desperta o mundo todo junto, e a luz nova saindo, abre os olhos de todos os animais; se fosse então danoso deixar o sono, a natureza, que em todas as coisas em geral e em cada uma em particular, esquiva e foge do dano, não romperia tão cedo o véu das trevas que nos adormecem, nem traria pelo oriente os claros raios do sol; se os trouxesse, não lhes daria tantas forças para nos despertar. Se não despertasse naturalmente a luz, não fechariam tão rapidamente as janelas os que abraçam o sono. De modo que a natureza, que nos envia a luz, deseja sem dúvida que nos desperte.

E ela nos desperta, pois à nossa saúde convém que despertemos. E não contradiz a isto o uso das pessoas que agora o mundo chama de senhores, cujo principal cuidado é viver para o descanso e regalo do corpo, as quais ficam na cama até o meio-dia. Antes esta verdade, palpável, condena aquele vício, do qual, por nossos pecados ou pelos pecados dos mesmos, fazem honra e estado, e põem parte de sua grandeza em não guardar nem mesmo nisto a tarefa que Deus lhes põe. Castigava bem esta torpeza uma pessoa que conheci, e a chamava com seu merecido vocábulo. E mesmo sendo tão vil como o é o fato, eu o porei aqui, porque é palavra que cabe. Assim, quando dizia alguém que era o estado nos senhores este dormir, costumava ele responder que erravam a letra, e que, por dizer estábulo, diziam estado.

E isso em verdade é assim, que aquela confusão de vida se inicia e nasce de outra confusão maior, que está na alma e que é causa também e início de muitas outras confusões torpes e feias. Porque o sangue e os demais humores do corpo, com o calor do dia e do sono acesos e danificados demais corrompem não somente a saúde, mas também afetam e infeccionam o coração. É coisa digna de admiração que, sendo estes senhores em tudo grandes seguidores, ou por melhor dizê-lo, grandes escravos de seu deleite, nisto só se esquecem dele e perdem, por um vicioso dormir, o mais deleitoso da vida, que é a manhã. Porque então a luz, como vem depois das trevas e se encontra depois de haver sido perdida, parece outra e fere o coração do homem com uma nova alegria; a visão do céu, o pintar das nuvens e o surgimento da aurora, que não sem motivo os poetas coroam de rosas, e o surgir da beleza do sol, são coisas maravilhosas. O cantar das aves, há alguma dúvida de que soa mais docemente? E as flores, as ervas, o campo exalam um tesouro de aroma.

E como quando entra o rei novamente em alguma cidade, se embeleza toda ela, e os cidadãos se mostram e fazem alarde de suas melhores riquezas, assim os animais e a terra e o ar e todos os elementos, com a chegada do sol se alegram e, como para recebê-lo, se embelezam e melhoram e mostram cada um de seus bens. E como os curiosos costumam colocar seus cuidados e seu trabalho para ver tal coisa, assim os homens cordatos, somente por gosto, não perderão a festa que faz toda a natureza ao sol, pelas manhãs; porque não é gosto de um só sentido, mas geral contentamento de todos, porque a vista se deleita com o nascer da luz, e com o ar, e com as nuvens; e para os ouvidos as aves fazem agradável harmonia; para o olfato o cheiro do campo, e as ervas desprendem de si um aroma muito suave; o frescor do ar tempera com grande deleite o humor aquecido com o sono, e cria saúde e lava as tristezas do coração e não sei de que modo o desperta para pensamentos divinos, antes que mergulhe nos trabalhos do dia.

Porém se mesmo do dia fazem noite, e perdem o fruto da luz com o sono, nem o deleite, nem a saúde, nem a necessidade e proveito que dissemos são poderosos para fazê-los levantar, você, que é filha da luz, levante-se com ela e abra a claridade de seus olhos quando descobrir seus raios o sol, e com peito puro levante suas mãos limpas ao Doador da luz, oferecendo a Ele, com santas e agradecidas palavras, seu coração, e, depois de haver feito isso, e de haver gozado do gosto do novo dia, voltada para as coisas de sua casa, entenda o seu ofício, como fim a quem se ordene o primeiro a madrugar.

Não se entende que, se madruga a casada, deve ser para que, rodeada de potes e arcas, como fazem algumas, fique sentada três horas arrumando as sobrancelhas, e pintando o rosto, negociando com o espelho para que minta e a chame de formosa. Além do grave mal que há neste artifício postiço, do qual falaremos depois, falha por se ocupar em coisas tão erradas, que seria preferível dormir.

Levante-se, pois, e levantada governe sua gente e olhe o que deve ser feito naquele dia, e a cada um de seus criados reparta seu trabalho; e como na guerra o capitão, quando ordena em fileiras sua esquadra, coloca cada soldado em seu lugar e avisa cada um para que guarde seu posto, assim ela há de repartir a seus criados os trabalhos e colocar ordem em tudo, com o que gera grandes proveitos. Por um lado, faz-se o que convém com tempo e com gosto; por outro lado, quando acontecer que a doença ou alguma outra ocupação afastem a senhora, estarão já os criados, acostumados como mestres em tudo aquilo que devem fazer. E além disso, do cuidado da senhora aprendem as criadas a ser cuidadosas, e não se atrevem a se descuidar das ordens de sua senhora; e como sabem que a atenção dela se estende por toda parte, acham, e com razão, que tudo quanto fazem a tem presente e por testemunha, animam-se não só a tratar com fidelidade do seu trabalho, mas também a adiantá-lo. E assim cresce o bem, e melhora a casa, reinando a harmonia e desterrando a zanga. E finalmente, a presença e a voz de mando da senhora, fazem com que suas criadas não só sejam proveitosas, mas que elas em si não sejam viciosas, o que também pertence ao seu ofício.

Vemos a seguir:
Caiu-lhe no gosto uma propriedade, e comprou-a,
e do fruto de suas palmas plantou vinhas.

Isto não é um novo preceito, diferente dos anteriores, nem outra virtude mais particular que as já mencionadas; e sim é como uma coisa que se consegue e nasce delas. Certamente que a mulher que for tão consciente em suas despesas e não curiosa por uma parte, e por outra tão caseira e cuidadosa e aproveitadora, não só conservará o que o marido adquirir, mas também ela acrescentará por sua parte, que é o que estamos dizendo agora. Porque de tamanho trabalho e preocupação, o fruto só pode ser grande.

De modo que aos demais títulos que, seguindo esta doutrina de Deus, haveremos dado à boa mulher, acrescentamos agora este: que seja a promotora do progresso de sua casa, não como título diferente dos primeiros, mas como coisa que os acompanha, e que declara a força dos passados, e o que podem, e até onde podem chegar. E assim, dizer que comprou terras e que plantou a vinha com o suor de suas mãos, é avisar que ser caseira, é não parar até abastecer sua casa, e também fazer progredir seus bens; não só fazer com que o que está dentro de casa esteja bem provido, mas fazer também que se acrescentem em número os bens e posses de fora. Ou seja, possa dizer claramente: "Este é o fruto do meu trabalho; meu cuidado acrescentou isto à minha casa; do meu suor frutificaram estas terras", como o fizeram algumas em nosso tempo, e que eu poderia indicar.

Algumas dirão porém que isto é muito. Às quais eu pergunto: o que chamam de muito? Chamam de muito que, do cuidado e aproveitamento e trabalho de uma mulher, acompanhada pelas outras mulheres, saiam coisas de tanto valor como isto? Ou acham muito que deseje ela gastar o que adquirisse em aproveitamentos e terras, e não em prazeres e enfeites? Se isto último é o que acham muito e o que têm por áspero em doutrina, não têm razão, nem em ter outra despesa por mais prazerosa e gostosa, nem em pensar que se vendem nas lojas coisas que, compradas as embeleze mais que estas compras. Porque aquilo passa no ar, e o bem e a honra e a alegria, juntamente com o bom nome, é duradouro e perpétuo. Mas se o primeiro as assusta, porque não acreditam tanto em suas mãos, primeiro fazem injúria a si mesmas e limitam seu poder diminuindo-se; e depois sabem que não é assim, que podem, se quiserem se esforçar, e passar da raia, porque, aonde não chegará a que pode fazer e a que fizer o que vemos a seguir?

Cingiu-se de fortaleza e fortificou seu braço.
Tomou gosto pelo trabalho: sua vela
não se apagou de noite. Colocou as mãos
na forma, e seus dedos tomaram o fuso.

Tenha valor a mulher e plantará a vinha; ame o trabalho e acrescentará em sua casa, ponha as mãos no que é próprio de seu ofício e não se despreze dele, e crescerão suas riquezas; não amoleça, nem se faça de delicada, nem tenha por honra o ócio, nem por estado o descuido e o sono, mas ponha força em seus braços e acostume seus olhos ao desvelo, e saboreie o trabalho e não se prive de pôr as mãos no que se refere ao ofício das mulheres, por baixo e miúdo que seja, e então verá quanto valem e onde chegam suas obras.

Três coisas pede aqui Salomão, e cada uma em seu verso: que seja trabalhadeira, o primeiro; e o segundo que zele; e o terceiro que fie. Não quer que fique no ócio, e sim que trabalhe.

Muitas coisas foram escritas por muitos em louvor do trabalho, e tudo é pouco para o bem que há nele; porque é o sal que preserva da corrupção a nossa vida e a nossa alma; mas não quero dizer aqui nada do geral. O que propriamente corresponde à mulher casada, direi: porque quanto mais a mulher é inclinada ao regalo e mais fácil de amolecer e dedicar-se ao ócio, tanto mais lhe convém o trabalho.

Se os homens, que são varões, com o ócio conseguem ânimo e condição de mulheres e se afeminam, as mulheres o que serão, se não o que hoje em dia são muitas delas? Que a seda lhes é áspera, a rosa dura, que as incomoda ficar em pé, com o ar que passa desmaiam, falar a palavra inteira as cansa, não há de olhá-las o sol, e todas elas são um melindre e um lixo, um nojo; perdoem por colocar este nome, que é do que mais fogem ou, para dizer melhor, agradeçam que tão suavemente as nomeio. Quem considera o que devem ser e o que elas mesmas fazem, e quem olha a grandeza de sua natureza e a baixeza em que se colocam pelos maus costumes, e compara um com o outro, pouco diz ao chamá-las assim; se as chamasse de lodo que corrompe o ar e o infecta e abominação aborrecível, ainda seria pouco.

Tendo uso de razão, e sendo capazes de coisas de virtude e louvor, e que estão chamadas ao gozo dos bens de Deus, desfazem tanto delas mesmas, se aninham assim com delicadeza, se envilecem em tal grau, que uma lagartixa e uma mariposa que voa tem mais volume que elas; a pluma que vai pelos ares, e o próprio ar têm mais corpo e substância. Assim pois, deve prestar muita atenção nisto a boa mulher, estando certa de que, descuidando-se nisso, se tornará nada. E como os que estão por sua natureza propensos a algumas doenças e males se guardam com recato daquilo que lhes faz mal, assim devem entender que vivem expostas a esta doença de ninharia e melindre, ou não sei como chamá-la, e que nela o ócio é arsênico; cuidem-se dele como fogem da morte, e contentem-se com sua natural insignificância, e não lhe acrescentem baixeza nem a façam menor; notem e entendam que seu natural é feminino, e que o ócio, por si efemina; não juntem um ao outro, nem queiram ser duas vezes mulheres.

Disse quase nada dos extremos aos quais vêm as mulheres moles e ociosas, e não falo da porção de vícios que disto mesmo nelas nasce, nem ouso colocar a mão nesse lodo; porque não há tanta água encharcada e corrompida que crie tantos e tão maus animais daninhos, como nascem vícios asquerosos e feios nos peitos destas damas delicadas das que estamos falando.

E em uma delas que descreve nos *Provérbios* (cap. V) o Espírito Santo diz assim:

"Faladora e vagabunda, e que não consegue estar quieta, nem sabe manter os pés dentro de sua casa, está na porta ou na janela, na praça ou nas encruzilhadas, e estende por toda parte seus laços. Viu um mancebo, chegou até ele e disse-lhe com a cara mais lavada: 'Hoje faço a festa e saio a tua procura porque não posso viver sem tua visita, e você é minha presa. No meu quarto pendurei belíssimas redes e tapeçaria do Egito; de rosas e de flores, de mirra e aloé está coberto o chão e a cama. Vem, e bebamos a embriaguez do amor, e gozemos em doces abraços até que chegue a aurora'".

E se todas as ociosas não vão para as ruas como esta fazia, seus escondidos recantos são testemunhas secretas de suas proezas, e não tão secretas que não se deixem ver e entender. E a razão e a natureza das coisas diz que, certamente se produzem ervas daninhas no campo não cultivado, que com o desuso o ferro enferruja e se consome, que o cavalo folgado fica manco.

E além disso, se a casada não trabalha, nem se ocupa do que pertence a sua casa, em quais outras coisas vai se ocupar? Forçoso é que, se não trata de seus afazeres, empregue sua vida nos afazeres alheios, e que seja janeleira, visitadora, viva na rua, amiga de festas, inimiga do seu canto, esquecida de sua casa e curiosa das casas alheias, pesquisadora de tudo que acontece, e ainda do que não acontece; inventora, faladora, fofoqueira, arranjadora de encrencas, jogadora também, e dada à risada e à conversa e ao palácio com tudo o que em conseqüência se segue, e se cala aqui agora por ser coisa notória.

De modo que, em suma e como em uma palavra, o trabalho dá à mulher o ser, ou o ser boa; porque sem ele ou não é mulher, e sim um asco, ou é mulher tal, que seria menos mal que não o fosse. E se com isto que disse se convencem a trabalhar, não será necessário que lhes diga e ensine como devem tomar o fuso e a roca, nem será necessário rogar que zelem, que são as outras duas coisas que lhes pede o Espírito Santo, porque sua própria boa índole as ensinará. E assim deixando isto, passaremos ao seguinte:

Suas palmas abriu para o aflito,
e suas mãos estendeu para o necessitado.

E em bom momento colocou isto Salomão, porque tendo dito e repetido tanto no que se refere a lucros e aproveitamento e havendo aconselhado a mulher tantas vezes e com tão encarecidas palavras para que seja prendada e caseira, deixava-a, parece, próxima à avareza e escassez, que são males vizinhos do lucro e que são próximos não poucas vezes. Porque, assim como há alguns vícios que têm aparência e semelhança de algumas virtudes, também há virtudes que estão como ocasionadas por alguns vícios; porque a verdade é que a virtude consiste no meio, mas como este meio não se mede com palmos, mas é o meio que se deve medir com a razão, muitas vezes se afasta mais de um extremo que do outro, como parece na liberalidade, que é virtude medida pela razão entre os dois extremos do avarento e do pródigo, e se afasta muito menos do pródigo que do avarento. E ainda acontece com a virtude e o vício, que em verdade são princípios muito diferentes na visão pública, e no que de fora parecem, nasçam frutos muito semelhantes. Tanto é disfarçado o mal, ou tanto procura se disfarçar para nosso mal, ou por melhor dizer, tanta é a força e a excelência do bem, e tão grande seu proveito, que mesmo o mal, para poder viver e valer, se aproxima dele e se veste dele, e deseja assumir sua cor.

Assim vemos que o prudente e recatado foge de alguns perigos, e que o temeroso e covarde foge também. Onde, mesmo as causas sendo diferentes é o mesmo e semelhante fugir. E vemos também que o homem cordato obtém lucros e benefícios de suas terras, e o avarento também, e que são iguais em lucrar, mesmo que os motivos sejam diferentes. E pode tanto este parentesco e dissimulação, que não somente os que olham de longe e vêem o que parece, se enganando, chamam de virtude o que é vício, mas também esses mesmos que põem as mãos nisso, muitas vezes não se entendem a si mesmos, e se convencem que é virtude o que lhes vêm de inclinação danosa e viciosa.

Por esse motivo tudo que é semelhante pede grande cuidado para que o mal disfarçado em bem não possa nos enganar. E isso porque Deus só gosta da virtude, e porque se a mulher lucra muito, isso pode ser sinal de avareza e vício; para que não se canse sem fruto e para que não ofenda a Deus no que pensa agradá-lo, cuidado aqui para que não seja esmoleira; que seja prendada e aproveitadora e zeladora, e que promova a união, porém não seja miserável nem escassa, de nenhuma maneira seja avarenta. E por isso diz elegantemente que abra a palma que a avareza fecha, e que alongue e estenda a mão que costuma encolher a escassez.

E já que ser piedoso e esmoleiro é virtude que convém a todos os que se sentem homens, com particular razão as mulheres devem esta piedade à sua brandura natural, entendendo que ser uma mulher de entranhas duras ou secas com os necessitados, é nela vituperável mais que em nenhum homem. E não é boa desculpa dizer que o marido segura suas mãos; porque mesmo sendo verdade que pertence a ele cuidar dos bens, não se entende porém que proíba a mulher e ponha lei para que não faça outras despesas perdidas, querendo também fechar-lhe a porta ao que é piedade e esmola, a quem Deus com tão expresso mandamento e de modo tão encarecido a abre.

E quando quiser ser ainda nisto escasso o marido, a mulher, se for como aqui a descrevemos, não deve por isso fechar-se às esmolas, que são devidas ao seu estado, nem que o confessor o proíba. Porque se o marido não quer, está obrigado a querer; e sua mulher, se não obedece em seu mau desejo, conforma-se com suas razões; e fazendo isto trata com utilidade e proveito da alma dele e de seus bens; porque primeiro cumpre com as obrigações que ambos têm de socorrer aos pobres; e depois garante e acrescenta seus bens com a benção de Deus, cuja palavra não pode faltar com a piedade prometida. E porque muitos nunca se fiam bem desta palavra, muitos homens são crus; se considerassem que recebem de Deus o que têm, não temeriam de tomar parte disso, nem duvidariam de que quem é liberal não pode jamais ser desagradecido; e quero dizer com isto, que Deus, o qual sem haver recebido nada deles, liberalmente os fez ricos, se repartissem depois com Ele suas riquezas, se tornariam grande realização.

Nisto que disse, entendo que são as esmolas mais comuns, que se oferecem a cada dia aos olhos; que, no que for de maior volume e mais particular, a mulher não deve ultrapassar a lei do marido, e em tudo deve lhe obedecer e servir. Eu confio que nenhum será tão miserável nem mau, que se ela for das que digo, tão caseiras, tão prendadas, tão zeladoras e tão cordatas em tudo e aproveitadoras, proíba que faça bem aos pobres. Nem será nenhum tão cego, que tema pobreza da esmola que faz quem enriquece a casa.

Então pois, que abra os braços e mãos à piedade a boa mulher, e mostre que seus lucros nascem da virtude, em não ser escassa no que, conforme a razão, é devido. E como quem lavra o campo, do que colhe nele dá suas primícias e dízimos a Deus, assim ela, de seu trabalho e de suas criadas, aplique sua parte para vestir a Deus nos carentes e fartá-lo de comida nos famintos, e com parte de seus lucros abra, como diz aqui, suas mãos ao aflito e ao necessitado, suas palmas.

Mas se diz que abra suas mãos e sua casa aos pobres, deve-se advertir que não diz que a abra geralmente a todos os que dizem ser pobres. Porque, em verdade, uma das virtudes da boa mulher é ter um grande recato acerca das pessoas com as quais conversa e a quem deixa entrar em sua casa; sob o nome da pobreza e cobrindo-se com piedade, às vezes entram na casa algumas pessoas enrugadas e de cabelos brancos, que roubam a vida, sujam a honra e danificam a alma dos que vivem nela, parecendo que os lambem e adulam.

São Paulo quase indicou com o dedo esta linhagem de pessoas ou algumas pessoas dessa linhagem, quando diz (*Epístola a Timóteo*, 5): "Têm por ofício andar de casa em casa ociosas, e não somente ociosas, mas também tagarelas e curiosas, e faladoras do que não convém". É assim que as tais entram para registrar tudo de bom que vêem, e, quando menos mal fazem, fazem sempre o dano que é trazer novidades e fofocas de fora, e levar para fora o que vêem ou acham que vêem na casa onde entram, inquietando a quem as ouve e perturbando seus corações, de onde nascem muitas vezes os dissabores entre os vizinhos e amigos, matéria de zanga e diferenças, e por vezes até discórdias mortais.

Nas repúblicas bem ordenadas, os que antigamente as ordenaram com leis, nenhuma coisa vedaram mais que a comunicação com estranhos e de diferentes costumes. Assim Moisés, ou melhor dizendo, Deus por Moisés, a seu povo escolhido, em mil lugares avisa isto com grande cuidado, porque o que não se vê, não se deseja e como diz o verso grego: "Do olhar nasce o amar". E pelo contrário, o que se vê e se trata, quanto pior for, tanto mais rapidamente, por nossa miséria, gruda em nós. E o que é em toda uma república, também é em uma única casa; que se os que entram nela são de costumes diferentes dos que nela vivem, uns com o exemplo outros com a palavra, alteram os ânimos bem ordenados, e pouco a pouco os desencaminham do bem.

E chega a velhinha e diz coisas no ouvido da filha e ensina-lhe os maus enfeites, e conta-lhe da desenvoltura do outro, e do que viu ou inventou, e altera-lhe o juízo, e começa a tingir com isto o peito singelo, fazendo a imaginar o que só com ser pensado corrompe; e danificado o pensamento, logo tenta o desejo, o qual acendendo-se para o mal, logo se esfria para o bem, e assim logo começam a desgostar do bom e cordato deixando-o de lado. Pelo que, acerca de Eurípides, diz bem quem diz: "Nunca, nunca jamais me contento com dizê-lo uma só vez; o casado cordato consentirá que entrem quaisquer mulheres a conversar com a sua, porque sempre fazem mil danos. Umas por seu interesse, tratam de corromper sua fé no matrimônio; outras, porque falharam e gostam de ter companheiras para suas falhas; outras porque sabem pouco e são néscias. Pois contra estas mulheres e as semelhantes a estas, convém ao marido guarnecer com travas e ferrolhos as portas de sua casa; pois jamais estas entradas peregrinas põem nela alguma coisa saudável mas, pelo contrário, sempre fazem diversos danos".

Mas vejamos o que temos a seguir:
Não temerá a neve para sua família, porque
toda sua gente está vestida com vestes duplas.

Não é esta a menor parte da virtude desta perfeita casada que pintamos, nem a que traz menos louvor à que é senhora de sua casa; o bom tratamento de sua família e criados, é como uma amostra onde claramente se conhece a boa ordem com que se governa todo o resto. E havia lhe mostrado Salomão, no que vem antes disto, a ser esmoleira com os estranhos, concordou em lhe avisar agora e lhe deu a entender que este cuidado e piedade devem começar com os seus; como diz São Paulo, "aquele que se descuida da provisão dos que têm em sua casa, infiel é, e pior que infiel". E mesmo falando aqui Salomão do vestir, não fala somente dele, e sim, pelo que diz neste particular, ensina o que deve ser em tudo que pertence ao bom estado da família. Porque, assim como se serve do trabalho dela o senhor, assim há de prover suas necessidades, e há de acompanhar o um com o outro, e ter grande medida em ambas as coisas, para que nem lhes falte o que necessitam, nem no que farão os sobrecarregue, como o avisa e declara o sábio no capítulo trinta e três do *Eclesiástico*. Um é injustiça e o outro escassez, e tudo crueldade e maldade.

E o pecado dos senhores com seus criados geralmente nasce da soberba e do desconhecimento de si mesmos. Se considerassem que tanto eles como seus criados são feitos do mesmo material, que a fortuna que é cega e não a natureza provida, é que os diferencia, que nasceram dos mesmos princípios, que terão o mesmo fim, e que vão em direção aos mesmos bens; e se considerassem que os que servem agora poderiam ser servidos depois, se não eles, seus filhos ou netos, como sempre acontece; que no fim todos, tanto os amos como os criados, servimos a um mesmo senhor, que nos medirá como nós medimos; assim, se considerassem isto, deixariam os brios de lado, e seriam mansos, e tratariam os criados como a parentes e os mandariam como se não estivessem mandando.

E aqui convém que as mulheres prestem mais atenção, porque há algumas tão vãs, que quase desconhecem sua carne, e pensam que a sua é carne de anjos e a de suas criadas de cachorro, e desejam ser adoradas por elas, acham que tudo é pouco e nada para o que lhes devem ou pensam que devem. Além do muito que ofendem a Deus, tornam sua vida mais miserável do que já é, porque se tornam aborrecíveis aos seus, o que é maior miséria; porque nenhuma inimizade é boa e a dos criados, que vivem entre os amos, e sabem os segredos da casa, e são seu olhos, e mesmo que lhes pese, testemunhas de sua vida, é perigosa e pestilenta. Daqui geralmente saem as fofocas e as falsas testemunhas, e na maioria das vezes as verdadeiras.

E como é perigosa desventura fazer dos criados fiéis, cruéis inimigos com indevidos tratamentos. Assim, tratá-los bem não é só segurança, mas também honra e bom nome. Pois devem entender os senhores que sua gente é como parte de seu corpo, e que é como parte da casa, onde eles são a cabeça, e a família os membros e que tratando-os bem, tratam bem e honradamente sua própria pessoa. E como se orgulham de que em suas feições e disposição não haja nem membro torto nem figura desagradável; como lhes acrescentam a todos os membros, tudo o que for beleza, e procuram vesti-los com cores, assim deve se apreciar que em toda sua gente reluza sua muita liberalidade e bondade, de modo que os de sua casa nem estejam nela com faltas, nem saiam dela queixosos.

Conheci eu neste reino uma senhora, que já morreu, ou por melhor dizer, que vive no céu, que, do cavalo troiano que dizem, não saíram tantos homens valorosos como de sua casa criadas suas donzelas e outras mulheres remediadas e honradas; aconteceu de mandar embora de sua casa, devido a um desentendimento, uma criada sua não tão remediada como as demais, a ouvi dizer muitas vezes que não tinha consolo quando pensava que, das pessoas que Deus lhe havia dado, havia saído uma de sua casa com desgraça e pouco remediada. E eu sei que nesta bondade gastava grandes somas, e que, fazendo estas despesas e outras semelhantes, não só conservou e sustentou os seus filhos, que vinham de muitos avós de antiga nobreza, mas também os acrescentou e ilustrou com novos e ricos vínculos; e assim era abençoada por todos.

Devem, pois, amar esta bênção as mulheres de honra, e se desejam elas ser estimadas e amadas, este é o caminho certo. Não quero dizer que tudo há de ser doçura e regalo; que bem vemos que a boa ordem pede algumas vezes severidade; mas, porque é comum que os amos pequem nisto, que é ser descuidados no que se refere ao bom tratamento dos que os servem, por isso falamos disso e não falamos de como os hão de ocupar. Vemos a seguir:

Fez para si enfeites de cama;
holanda e púrpura é seu vestido.

Porque havia falado da piedade que devem ter as boas casadas ao pobre e do cuidado que devem à boa provisão de sua gente, cuida agora do tratamento e do bom adereço dos mesmos. e chega até aqui a clemência de Deus e o doce modo de providência e governo, que trata do vestido da casada, e de como deve enfeitar e assear sua pessoa; condescendendo em algo tão natural, mesmo que não lhe agrade o excesso, também não lhe agrada o desalinho e o desasseio, e assim diz: *"púrpura e holanda é seu vestido"*. Vale dizer que, desta casada perfeita é parte também, no tratamento de sua pessoa, não ser desalinhada e remendada, e sim, como há de ser na administração dos bens lucradora, e com os pobres piedosa, com sua gente não escassa, assim do mesmo modo deve trazer sua pessoa limpa e bem tratada, enfeitando-a honestamente da forma que seu estado pede. Porque a que com sua boa presença ilumina sua casa, não pode andar desarrumada.

Porém devemos saber porque Salomão a vestiu de holanda e púrpura, do que na velha lei eram feitas as vestes do sacerdote, porque sem dúvida leva em si um grande mistério. Pois digo, que quer Deus declarar nisto às boas mulheres, que só ponham em sua pessoa aquilo que se pode colocar no altar, ou seja que toda sua vestimenta e enfeites sejam santos, tanto na intenção como na temperança com que se faz. E diz a elas que, quem há de lhes vestir o corpo, não deve ser o pensamento leviano, e sim a razão; e que da compostura há de nascer o bom traje exterior; e que este traje não deve ser feito na medida do capricho ou do uso vituperável e mundano, e sim do acordo que pedem a honestidade e a vergonha. Assim pois, sinala aqui Deus o vestido santo, para condenar o profano.

Diz púrpura e holanda, mas não diz dos bordados, nem do ouro em fios delgados. Diz vestidos, mas não diz diamantes nem rubis; põe o que pode se tecer e bordar em casa, mas não as pérolas que se escondem no abismo do mar. Concede roupas mas não concede cachos, nem enfeites. E porque nisto, e principalmente nos enfeites do rosto, há grande excesso, mesmo nas mulheres que no resto são honestas; e porque esse é seu próprio lugar, será bom que digamos algo disso aqui.

Apesar de, em verdade, eu confesso a Vossa Mercê que o que me leva a tratar disso, que é o excesso, me assusta. Porque, quem não temerá de se opor a uma coisa tão usual? Ou, quem se atreverá a persuadir as mulheres a que queiram se parecer com o que são? E não somente é difícil este tratado, mas perigoso também, porque logo desprezam a quem isso lhes tira. E assim, desejar eu tirar-lhes isso, será despertar um esquadrão de inimigos.

Mas, o que lhes importa que eu as condene, se têm tantos que as absolvem? E se amam àqueles que, condescendendo com o gosto delas, as deixam asquerosas e feias, muito mais justo é que não me odeiem, e sim que me ouçam com atenção; que o que agora quero lhes dizer, será somente para lhes ensinar como ser belas, que é o que principalmente desejam. Eu não quero tratar do pecado que alguns acham e põem no enfeite, mas somente quero fazê-las saber, demonstrando que é enganoso, que lhes dá o contrário que promete, e que como em uma brincadeira de criança, assim ele, dizendo que as pinta, zomba e as suja. Pois eu não posso pensar que nenhuma viva neste caso tão enganada, que, tendo por belíssimo o enfeite, pelo menos não saiba que é sujo, e que não lave as mãos antes de comer. Porque os materiais, a maioria são nojentos; e a mistura de coisas tão diferentes como são as que se juntam para este adultério é mãe de muito mau cheiro, o que sabem bem as caixas que guardam este tesouro e as redomas e demais jóias dele.

E se não é sujeira, por que, chegando a noite, tiram e lavam o rosto cuidadosamente, e já que serviu para enganar de dia, querem passar a noite limpas? Pois, quando o negassem, as que negarem, poderíamos lhes mostrar seus próprios dentes e suas gengivas negras e mais sujas que uma lixeira com as relíquias que nela deixou a maquiagem. E se as suja, o que é fato, como podem se persuadir que as deixa belas? Não é a limpeza o fundamento da beleza e a primeira e maior parte dela? A beleza atrai, e a sujeira afasta e afugenta. Logo como poderiam caber juntas a beleza e a sujeira? Por acaso não é próprio da beleza parecer bem e deleitar os olhos? Pois, que olhos há tão cegos que não percebam a sobreposição, e que não comparem com o encoberto o que se descobre, e que, com o mal que dizem entre si mesmos, não se ofendam com a desproporção?

E não é necessário que os olhos traspassem esse véu, porque por si mesmo, adquirindo um pouco de calor o corpo, transpassa e descobre-se por entre o branco um escuro e esverdeado, e entre azul e roxo; maquia o rosto todo, e marcadamente as cavidades dos belíssimos olhos, com uma variedade de cores muito feias; e ainda corroem às vezes gotas derretidas que formam arroios em suas faces. Mas se dizem que acontece isso com algumas que não são peritas, eu digo que nenhuma é tão boa que, enganando os olhos, possa enganar o nariz. Porque o cheiro desse material, mesmo que se perfumem, vai na sua frente apregoando e dizendo que nem tudo que reluz é ouro, e que tudo é nojo e engano, e que vai como com a mão desviando as pessoas, quando passa aquela que não quero nomear.

Tomem meu conselho as que não são perdidas por isto, e façam máscaras de boas figuras e coloquem-nas; e o verniz pinte a tela e não o couro, e tirarão mil proveitos. Primeiro, que já que gostam de ser falsamente belas, ficarão pelo menos limpas. Depois que, não temerão que as enfeie, nem o sol, nem o pó, nem o ar. E por último, com este artifício poderão encobrir não só a cor escura, mas também as más feições. Porque é certo que a beleza não consiste tanto na escolhida cor, mas que as feições estejam bem proporcionadas.

E claro que a maquiagem engana na cor, mas não pode corrigir a figura, que nem alarga a testa estreita, nem aumenta os olhos pequenos, nem corrige a boca desbaratada. Porém dizem que vale muito a boa cor. Eu pergunto, para quem vale? Porque as de boa figura, mesmo que sejam morenas, são belíssimas, e não sei se mais belas que as brancas; as de más feições, mesmo que se transformem em neve, do mesmo jeito ficarão feias; e digo mais: que se antes do verniz, eram feias, estavam limpas, mas depois dele ficam feias e sujas, que é a pior de todas as feiúras. Porém vale muito a boa cor, se de verdade é boa cor; mas esta não é uma boa cor, nem quase o é, e sim um engano de cor que todos conhecem, e uma postura que por momentos cai, e um nojo que a todos ofende, e uma zombaria que promete uma coisa e dá outra, e que enfeia e suja. Que loucura é colocar o nome de bem ao que é mau, e trabalhar em seu prejuízo, e buscar com seu tormento ser detestadas, que é o que mais detestam?

Qual é a finalidade do enfeite e do cuidado do rosto senão parecer bem e agradar a quem as olha? Pois, quem é tão falho, que goste destes reboques? Ou, há quem não os condene? Quem é tão néscio que deseje ser enganado, ou tão tonto que já não conheça esse engano? Ou, quem é tão falto de razão, que julgue beleza do rosto o que claramente vê que não é rosto, o que vê que é sobreposto, acrescentado e alheio? Gostaria de saber destas belas mendicantes, se achariam bela a mão que tivesse seis dedos. Por acaso não a esconderiam? Não inventariam uma luva para encobrir aquele dedo a mais? Pois acham feio um dedo a mais, e acreditam que três dedos de graxa sobre o rosto é belíssimo?

Todas as coisas têm uma natural taxa e medida, e a boa disposição delas consiste em estar na medida certa disso; se lhes falta ou sobra algo, isto é feiúra e torpeza. De onde se conclui que estas das quais falamos, acrescentando posturas e excedendo o natural, caso fossem belíssimas, tornam-se feias pelas próprias mãos.

Bem e prudentemente aconselha, acerca de um poeta antigo, um pai a sua filha diz: "Não tenhas, filha, afeição com os ouros, nem rodeies teu pescoço com pérolas e jacintos, com o que as de pouco saber se desvanecem; não tens necessidade deste vão ornamento. Também não te olhes no espelho para recompor o rosto, nem com muitos tipos de laços enlaces teus cabelos, nem coloques preto nos olhos, nem pintes as bochechas, pois a natureza não foi escassa com as mulheres, nem lhes deu o corpo menos belo do que se deve ou convém".

Pois, que diremos do mal de enganar e fingir, e como de certa maneira, ensaiam e se acostumam a isso? Mesmo que esta razão não seja suficiente para que as mulheres se persuadam que se enfeitar é ruim, e para que os maridos conheçam o quanto estão obrigados a não consentir que se enfeitem. Porque hão de entender que ali começam a se mostrar diferentes do que são, e a encobrir a verdade; e ali começam a tentá-los e enganá-los, e como os verão pacientes nisso, aumentarão o tamanho dos enganos.

Bem diz Aristóteles ao respeito, que "como na vida e costumes a mulher com o marido deve andar simples e sem engano, tanto no rosto como nos adereços, há de ser pura e sem enfeites". Porque a boa, em nada deve enganar aquele com quem vive, se quiser conservar o amor, cujo fundamento é a caridade e a verdade, não devem se encobrir os que se amam em nada. Que, assim como não é possível misturar duas águas cheirosas, enquanto estão cada uma em sua redoma, assim, quando a mulher cobre o ânimo com a cobertura do fingimento, e com a postura e enfeites esconde o rosto, entre seu marido e ela não se pode misturar o amor verdadeiro. Porque, caso o marido a ame assim, claro que não ama a ela neste caso e sim à máscara pintada, e é como se amasse na farsa o que representa uma mulher formosa. E por outro lado, ela, sentindo-se amada desta maneira, pelo mesmo motivo não o ama, antes começa a desprezá-lo e no coração zomba dele, e reconhece como é fácil enganá-lo, e no fim engana e zomba. Isto é muito digno de se considerar, e o que vemos a seguir, é o dano da consciência e a ofensa a Deus, que mesmo havendo prometido não falar nisso, a consciência me obriga a fazê-lo.

E que ninguém lhes diga, nem elas acreditam, que não é pecado ou que é um ligeiro pecado, porque é, muito pelo contrário, um pecado grave e que além disso anda acompanhado por muitos outros pecados, uns que nascem dele e outros de onde ele nasce. Deixando de lado o agravo que fazem ao próprio corpo, que não é seu e sim do Espírito Santo que o consagrou para si no batismo, por esse motivo deve ser tratado como templo santo, com honra e respeito; assim, mesmo que calemos sobre este agravo que fazem a seus membros atormentando-os e sujando-os de diferentes maneiras, e mesmo que não digamos a injúria que fazem a quem as criou, corrigindo sua obra e como repreendendo-o, ou não admitindo seu acordo e conselho, porque é sabido que o que Deus faz, feio ou belo, é para nosso bem e saúde; assim pois, mesmo que calemos isto que as condena, sua finalidade e o que as move e incita a este ofício mesmo que elas dourem e purifiquem, não pode se purificar nem calar.

Por que a mulher casada quer ser mais bela que o que o marido quer que seja? O que pretende enfeitando-se contra sua vontade? Que ardor é esse que as leva a vestir o couro como arnês e colocar em arco as sobrancelhas? O vermelho e o branco, e o loiro e dourado, e aquela artilharia toda, o que pede, o que deseja? Para que se enfeita a mulher casada? Porque, para dizer a verdade, a resposta é amor próprio desordenado, apetite insaciável de vã excelência, cobiça feia, desonestidade arraigada no coração, adultério, baixeza, delito que jamais cessa. O que pensam as mulheres que é se enfeitar? Trazer pintado no rosto seu feio desejo. Mas nem todas que se enfeitam desejam o mal. Difícil é acreditar. Mas se com todos os enfeites não descobrem seus maus desejos, pelo menos os despertam nos outros. De modo que com essas posturas sujas, ou publica sua suja alma ou suja a daqueles que a olham. E tudo isso é ofensa a Deus. Apesar de não saber eu que olhos a olham, que se olham não a detestam. Oh nojo, oh fedor, oh torpeza!

Mas, que bravo! dirão algumas. Não estou bravo e sim verdadeiro. E se assim são os pais de quem deste desatino nasce, quais serão os frutos que dele procedem, senão zangas e guerra contínua? Suspeitas mortais, perigos, quedas, escândalos, e morte? E se ainda pareço muito bravo, ouça não a mim e sim a São Cipriano que diz: "Neste lugar, o temor que devo a Deus e o amor da claridade que me une a todos, me obriga a avisar não só às virgens e às viúvas, mas às casadas também, e a todas as mulheres, que de modo algum convém nem é lícito adulterar a obra de Deus, acrescentando a cor vermelha, o negro, o ruge, ou qualquer outra coisa que altere ou corrompa as figuras naturais. Diz Deus: "Façamos o homem a nossa imagem e semelhança", e ousa alguma mudar a figura que Deus fez? As mãos põem no próprio Deus, quando o que Ele formou, procuram elas reformar e desfigurar. Como se não soubessem que é obra de Deus tudo o que nasce, e do demônio tudo o que se altera do seu natural.

Se algum grande pintor retratasse com cores que se aproximassem do verdadeiro, as feições e rosto de alguém, com toda a disposição de seu corpo, acabado e aperfeiçoado o retrato, outro quisesse colocar as mãos nele, presumindo ser mais mestre, para reformar o que já estava feito e pintado, acham que teria o primeiro justo e grave motivo para se indignar? Pois pensas não ser castigada por uma ousadia de tão malvada loucura, pela ofensa que fazes ao Divino Artífice? Porque, devido ao chamativo dos enfeites não sejas com os homens desonesta e adúltera, havendo corrompido e violado o que em ti fez Deus, convencida ficas de pior adultério.

O que pretendes embelezando-te, o que procuras enfeitando-te, é uma contradição com a obra de Deus, e traição contra a verdade. Diz o Apóstolo, advertindo-nos: "Descartem o levedo velho, para ser nova massa, assim como são sem levedo, porque nossa páscoa é Cristo sacrificado. Celebremos, pois a festa, não com levedo velho, nem com levedo de malicia e mesquinharia e sim com a pureza da simplicidade e da verdade". Por acaso guardas esta simplicidade e verdade quando sujas o simples com adulteradoras cores, e trocas em mentiras o verdadeiro, com enfeites?

Teu Senhor diz que não tens poder para tornar branco ou negro teu cabelo; e tu pretendes ser mais poderosa, para passar por cima do que o Senhor disse, com pretensão ousada e com sacrílego menosprezo. Avermelhas teu cabelo, e em mau agouro do que está por vir, começas a lhe dar a cor semelhante ao fogo; pecas com grande maldade em tua cabeça, ou seja, na parte principal de teu corpo e como do Senhor está escrito que seus cabelos eram brancos como a neve, tu maldizes e abominas o cabelo branco, que é semelhante à cabeça de Deus.

Pergunto a que isto faz: não temes que, no dia da ressurreição, quando chegue, o Artífice que te criou não te reconheça? Que quando chegues para lhe cobrar suas promessas e prêmios, te deixe de lado e exclua? Que te diga, com força e severidade de juiz: "Esta obra não é minha nem é nossa esta imagem; sujaste a tez com falsa postura, mudaste o cabelo com desonesta cor, com a mentira corrompeste teu rosto, tua figura não é esta. Não poderás ver a Deus, pois não trazes os olhos que Deus fez em ti, mas os que infeccionou o demônio; tu o seguiste; os olhos pintados e brilhantes da serpente em ti imitaste; te assemelhaste a ele e com ele arderás". Até aqui são palavras de São Cipriano.

E Santo Ambrósio, não menos áspero, pois assim escreve: "Aqui nasce aquilo que é via e incentivo de vícios, que as mulheres, temendo desagradar os homens, pintam os rostos com cores estranhas, e no adultério que fazem em seus rostos, ensaiam para o adultério que desejam fazer com sua pessoa. Mas que loucura tão grande é esta, de desprezar o rosto natural e buscar o pintado, e enquanto temem ser chamadas de feias por seus maridos, condenam-se a si mesmas. Porque a que procura mudar o rosto com o qual nasceu, atenta contra si mesma e o condena por feio; e enquanto procura agradar os outros, ele mesma se desagrada primeiro. Diz mulher, que melhor juiz de tua feiúra podemos encontrar que você mesma, pois temes ser vista como és? Se fores bela, por que com adereços te cobres? Se fores feia e disforme, por que te finges de bela, se nem te enganas, nem tiras proveito do engano alheio? Porque o outro, com teus enfeites, não ama a ti e sim a outra, e tu não queres como outra ser amada. Ensinas-lhe em ti a te ser adúltero, e se põe em outra seu amor, ficas triste e zangada. Má mestra és contra ti mesma. Mais tolerável é em parte ser adúltera que andar adereçada; porque lá se corrompe a castidade e aqui a própria natureza". Estas são palavras de Santo Ambrósio.

Entre todos, porém, São Clemente Alexandrino é o que escreve mais extensamente, dizendo (*Livro III do Pedagogo*, cap. 2): "As que embelezam o que se descobre e o que está secreto enfeiam, não vêem que são como as obras dos egípcios, que enfeitam as entradas de seus templos com arvoredos, e cingem seus portais com muitas colunas, edificam os muros com pedras, os pintam com escolhidas pinturas, e os próprios templos os embelezam com prata e com mármores trazidos da Etiópia. Os sacrários dos templos os cobrem com ouro; mas se no secreto deles alguém penetrar, e se com pressa de ver o que está escondido, buscar a imagem do deus que neles mora, e se a guarda deles ou algum outro sacerdote com vista grave, e cantando primeiro algum hino em sua língua e descobrindo apenas um pouco o véu, te mostrar a imagem, acharás muita graça ao ver o que eles adoram; porque não encontrarás algum deus como esperavas, mas um gato, ou um crocodilo, ou alguma serpente, ou outro animal semelhante, não digno de um templo, mas digníssimo de toca ou de esconderijo, ou do lodo, que, como um poeta antigo disse:

*São feras sobre púrpura assentadas
os deuses a quem servem os ciganos.*

Assim me parecem as mulheres que se vestem de ouro, enrolam o cabelo, untam as faces, pintam os olhos, tingem os cabelos, colocam toda sua má arte neste adereço mole e exagerado, que enfeitam este muro de carne, fazendo como no Egito, para atrair para si os desventurados amantes. Porque se algum levantar o véu do templo, ou seja, se afastar as toucas, a tintura, o bordado, o ouro, os adornos, isto é, o véu e cobertura composto por todas estas coisas, para ver se encontra lá dentro o que de verdade é belo, as abominaria sem dúvida. Não encontrará em seu interior por moradora, que era o certo, a imagem de Deus, mas encontraria que em seu lugar uma fornicadora e uma adúltera no secreto da alma, e saberá que é verdadeira fera enfeitada ou serpente enganosa, que, engole o que há de razão no homem por meio do desejo do vão prazer. Sua alma é um covil, onde misturando toda sua peçonha mortal e espalhando o tóxico de seu engano e erro, troca a mulher por rameira, porque o fato de se adereçar, é de rameira e não de boa mulher. Como claramente se vê porque as que se preocupam com isto se esquecem de suas casas. Sua preocupação é a bolsa de seu marido, e gastar seus bens em vãos e múltiplos desejos, para que muitos as achem belas. Assim pois, procuram cozinhar bem sua carne, como coisa insossa e feia; e de dia, pelo adereço, estão se desmanchando em sua casa, com temor de que vejam que é postiça a flor; mas ao cair da tarde, logo desaparece esta adulterada beleza, a quem ajuda em alguma coisa, a embriaguez e a falta de luz."

Menandro o poeta expulsa de sua casa sua mulher que clareia o cabelo e diz:

*Vai embora desta casa, que a boa mulher
não trata de aloirar os cabelos.*

E não diz que se envernizava o rosto, e menos que pintava os olhos. Mas as miseráveis não vêem que acrescentando o postiço, destroem o belo, natural e próprio, e não vêem que se matizando a cada dia, esticando o couro, e se emplastrando com misturas diversas, secam o corpo e consomem a carne, e com o excesso dos corrosivos murcham a flor própria e tornam-se amarelas ficando predispostas a que uma doença as leve, por ter com os cosméticos a carne que pintam, gasta; e vêm a desonrar o Fabricador de homens, como se não houvesse repartido a beleza como devia; e são com razão inúteis para cuidar de sua casa, porque como são coisas pintadas, resolvidas a não ser mais vistas, não feitas para ser caseiras cuidadosas.

Por esse motivo, aquela bem considerada mulher, diz acerca do poeta cômico: "O que poderemos fazer as mulheres que seja de preço ou valor, pois pintando-nos e enfeitando-nos a cada dia, apagamos nós mesmas a imagem das mulheres valorosas, e só servimos de tranqueira da casa, de estorvo para o marido, e afronta para nossos filhos?"

Do mesmo modo Aristófanes, também escritor de comédias, zomba desta perdição das mulheres colocando as palavras que convém ao que geralmente todas fazem, e diz: "Chega, passa, volta, vem, pára, se limpa, revira, limpa-se de novo, se penteia, se sacode, se esfrega, se lava, se veste, se perfuma, se enche de cores, e se alguma coisa não fez, sufoca-se e mata-se".

Merecedora, não de uma, e sim de duzentas mil mortes, se pintam com as fezes do crocodilo, e se untam com a espuma da hediondez, e usam alvaiade para envernizar as bochechas.

Pois as que assim aborrecem aos poetas gentis, merecem a verdade. Como as deixará de lado e condenará? Alexi, outro cômico, o que diz delas, repreendendo-as? Colocarei o que disse, procurando envergonhar com a curiosidade de suas razões, sua falta de vergonha perpétua, mas não consegui chegar a tanto; eu me envergonharia, se pudesse defendê-las com alguma boa razão, de que as tratasse assim a comédia. Pois diz: "Além disso, acabam com seus maridos, porque seu primeiro e principal cuidado é tirar deles algo; esta é sua obra e todas as demais em comparação, são acessórias. É por acaso alguma delas pequena? Coloca rolhas nos sapatos. É outra muito alta? Anda de sapatos baixos e enfia a cabeça entre os ombros, perdendo altura. É magra? Enche-se de roupa, e parece bem mais cheia. Cresce a barriga? Enfaixa-se, como se trançasse o cabelo ficando erguida e esbelta. Tem as sobrancelhas vermelhas? Cobre as com fuligem. É por acaso morena? Se enche de alvaiade. É branca demais? Se esfrega no cano da chaminé. Tem algo belo? Mostra-o o tempo todo, pois se tem os dentes bons, andará sempre rindo; e para que vejam todos que tem uma bela boca, mesmo que não esteja alegre, rirá todo santo dia e procurará ter a boca sempre aberta".

Aleguei isto das letras profanas, para remédio contra este mal artifício e desejo excessivo do adorno, porque Deus procura nossa saúde por todas as vias; mas logo direi de acordo com as Letras Sagradas, que ao mal público é natural se afastar daquilo onde peca, sendo repreendido pela vergonha que padece. Desse modo, como os olhos vendados ou a mão envolvida em emplastros, sugere doença, assim a cor postiça e as maquiagens de fora dão a entender que a alma por dentro está doente.

Adverte nosso divino Mestre que não cheguemos ao rio alheio, tendo como rio alheio a mulher destemperada e desonesta, que corre para todos, e que para deleite de todos, se derrama com posturas lascivas. "Se abstenha, diz, da água alheia, e da fonte alheia não beba"; advertindo-nos para que fujamos da correnteza de semelhante deleite, se quisermos viver longamente; porque fazendo assim acrescentamos anos de vida.

Grandes vícios são comer e beber; porém não tão grandes como a afeição excessiva pelo adereço e enfeite; para satisfazer o gosto, é suficiente a mesa farta, mas para as aficionadas aos ouros e aos carmesins e às pedras preciosas, não lhes é suficiente nem o ouro que há sobre a terra ou em suas entranhas, nem no mar de Tiro, nem o que vem da Etiópia, nem do rio Pactolo, onde corre ouro, nem mesmo se transformando em Midas, ficarão satisfeitas algumas delas, e sim pobres sempre e desejando sempre mais.

E se a riqueza é cega, como realmente o é, as que têm nela toda sua afeição e seus olhos, como não serão cegas? É que, como não põe fim a sua má cobiça, vem de forma desavergonhada, porque lhes é necessário o teatro, a procissão, a multidão de admiradores, o vagar pelas igrejas, e se deter pelas ruas para ser contempladas por todos, porque certamente se adereçam para contentar os outros.

Diz Deus por Jeremias: "Mesmo que te rodeies de púrpura, e te enchas de ouro, e pintes os olhos, vã é tua beleza".

Mas que desconcerto tão grande é que o cavalo e o pássaro e todos os demais animais saiam embelezados cada um com seu próprio adereço, o cavalo com crinas, o pássaro com cores diversas, e todos com sua cor natural, e que a mulher, como se sua condição fosse pior que a dos animais, se tenha por tão feia, que necessite beleza postiça, comprada e sobreposta?

Apreciadoras da beleza do rosto, e não cuidadosas com o belo do coração; porque sem dúvida, assim como o ferro no rosto do escravo mostra que é fugitivo, assim as floridas pinturas indicam e apregoam a rameira. Porque os babados e as diferenças dos toucados, e o modo de recolher o cabelo, que são inumeráveis, os espelhos caros onde se enfeitam para caçar aos que, como crianças ignorantes, põem os olhos nas boas figuras, são coisas de mulheres desgastadas, e tais que não enganarão ninguém com suas caras transformadas em máscaras.

Deus nos avisa que não prestemos atenção ao que parece e sim ao que se esconde; porque o que se vê é temporal e o que não, sempiterno; e elas loucamente inventam espelhos, onde, como se fosse alguma obra louvável, se veja sua artificiosa figura, para cujo engano seria melhor o véu e se cobrir. Como conta a fábula a Narciso não lhe foi útil haver contemplado seu rosto. E se proíbe Moisés aos homens que façam alguma imagem, competindo na arte com Deus; como será lícito para as mulheres, em seu próprio rosto, formar novos gestos revogando o já feito?

O profeta Samuel, quando Deus o enviou para ungir em rei um dos filhos de Jessé, achando que o mais velho deles era belíssimo e disposto e querendo o ungir, disse-lhe Deus: "Não olhes para seu rosto, nem para sua boa disposição; pois o homem olha nos olhos e Deus leva em conta seu coração". E assim, o profeta não ungiu o belo de corpo, e sim o belo de coração.

Se a beleza do corpo, mesmo aquela natural, leva Deus menos em conta que a beleza da alma, o que pensará da postiça e fingida, aquele que tudo o que é falso descarta e detesta? Manifestamente nos ensinou em Abraão o

Senhor, que deve se menosprezar quem seguir os parentes, a terra, riquezas e os bens visíveis. O fez peregrino, e logo que desprezou seu natural e o bem que se via, me chamou de seu amigo; e era Abraão nobre em terra e muito abundante em riqueza, que como se lê quando venceu os reis que o prenderam a Lot, armou só de sua casa trezentas e dezoito pessoas.

Só Esther se enfeitou sem culpa porque se embelezou com mistério e para o rei seu marido; além do que, toda sua beleza foi o resgate para pessoas condenadas à morte. E assim, o que se conclui de tudo o que foi dito é que se enfeitar e embelezar faz das mulheres rameiras e dos homens efeminados e adúlteros, como o poeta trágico o deu a entender, quando disse:

Da Frígia veio para Esparta o que julgou,
conforme diz o conto dos Gregos,
as deusas; belíssimas em roupas,
em ouro reluzente, e com
trajes bárbaros e peregrinos.
Amou, e partiu assim, levando furtada
a quem também o amava, ao monte de Ida,
estando Menelau de sua casa ausente.

Oh beleza adúltera! O adereço bárbaro transtornou toda a Grécia. A honestidade da Lacedemônia foi corrompida pelas vestes, a polícia e o rosto. O ornamento excessivo e peregrino tornou rameira a filha de Júpiter. Mas para eles não foi grande maravilha, pois não tiveram mestre que cerceasse os desejos viciosos, nem quem lhes dissesse: "Não fornicarás, nem desejarás fornicar". Ou seja: "Não irás fornicar com o desejo, nem acenderás teu apetite com os enfeites, nem com o excesso de adereços". Até aqui são palavras de São Clemente.

E Tertuliano, homem muito erudito e próximo aos Apóstolos, diz: "Vocês têm a obrigação de agradar somente a seus maridos. Quanto mais agradarem a eles, menos procurarão parecer bem aos outros. Tenham certeza. Nenhuma é feia para o marido; quando a escolheu lhe agradou, porque gostou de seus costumes ou de sua figura. Não pense nenhuma que se arrumando corretamente a desprezará seu marido, já que todos os maridos gostam das castas. O marido cristão não se interessa pela boa figura, porque não é seduzido pelo que seduz os gentios. Me diga, a quem é endereçada tua beleza, se nem o gentio acredita, nem o cristão a pede? Para que te preocupas em agradar ao receoso ou ao não desejoso? E não digo isto para induzi-las a ser desalinhadas e feias, nem para persuadi-las a ser desasseadas; mas lhes digo o que pede a honestidade, os modos, o ponto e a moderação com que enfeitarás teu corpo. Não deves exceder o adereço simples e limpo, que agrada ao Senhor: porque sem dúvida o ofendem as que untam o rosto, as que mancham as bochechas com carmim, as que pintam os olhos de preto; porque sem dúvida lhes desagrada o que Deus faz, e argúem em si mesmas de falha a obra divina; repreendem o Artífice que a todos nos fez; o repreendem pois corrigem e acrescentam.

Estas coisas que acrescentam não as tomam de Deus e sim do demônio, porque: quem mudará a figura do corpo senão aquele que transformou em malícia a imagem da alma? Com o que se nasce é obra de Deus; logo, o que se finge será obra do demônio. Que maldade para a obra de Deus sobrepor com o que inventa o demônio. Nossos criados não pegam nem emprestado dos que são nossos inimigos; o bom soldado não aceita mercês de quem é contrário ao seu capitão, já que é traiçoeiro se dar com o inimigo daquele a quem se serve; mas receberá ajuda a favor daquele mau o cristão, se o chamo por esse nome se é já de Cristo?

Mas que coisa alheia dos ensinamentos cristãos, do que professais na fé, que indigno do nome de Cristo é trazer a cara postiça, se lhes foi mandado que em tudo guardaram a simplicidade; mentir com o rosto, se foi vedado mentir com a língua; desejar o que não lhes foi dado, as que devem se abster do alheio; buscar parecer bem, as que têm a honestidade por ofício.

Há ainda as que mudam a cor dos cabelos com açafrão. Desfazem de sua nação, lamentam não haver nascido alemãs ou inglesas, procurando mudar pelo menos o cabelo. Mau agouro trazem, colorindo a cabeça de fogo. Se convencem de que fica bem. E as próprias cabeças padecem com a força dos alvejantes. E qualquer água, mesmo que seja pura, na cabeça, destrói o cérebro, e há ainda o ardor do sol com que secam os cabelos. Que beleza pode haver em semelhante dano, ou que beleza em uma sujeira tão enorme? Colocar a cristã açafrão em sua cabeça, é como colocar o ídolo no altar; porque em tudo que se oferece aos maus Espíritos, tirando os usos necessários e saudáveis que Deus ordenou, usar isso pode ser tido como cultura de ídolos. Mas diz o Senhor: "Quem pode mudar o cabelo de preto para branco ou de branco para preto?" Só essas que desmentem a Deus.

E elas dizem, em lugar de fazer o preto branco, o fazemos loiro, que é mais fácil. Também procuram mudar o branco para preto, aquelas que sentem o peso de chegar à velhice. Oh desatino, oh loucura que tem por vergonhosa a idade, que não esconde o desejo de furtar anos, que deseja a idade pecadora. Deus livre as que são filhas da sabedoria, de tão grande necessidade. A velhice, mais se descobre quanto mais se tenta encobri-la. Essa deve ser, sem dúvida, a eternidade prometida: manter jovem a cabeça! Essa é a incorruptibilidade com a qual nos vestiremos na casa de Deus! A que dá a inocência! Digam, pelo menos, de que lhes serve este peso de adereçar a cabeça? Porque não permitem que repousem seus cabelos, ou trançados, ou soltos, ou presos no alto?

Algumas gostam de recolhê-los em tranças, outras os deixam em desordem, esvoaçantes; outras além disso, acrescentam pedaços de cabelo postiço, às vezes em forma de chapéu, ou como bainha da cabeça ou como cobertura da moleira, e às vezes soltos nas costas ou empinados no alto. Está sentenciado que ninguém pode acrescentar a sua estatura. E se não à estatura, pelo menos ao peso, colocando sobre seus rostos e pescoços não sei que crostas de saliva e massa. Se não se envergonham de uma coisa tão desmedida, envergonhem-se pelo menos, de uma coisa tão suja.

Não coloquem sobre a cabeça santa e cristã, os despojos de outra cabeça, talvez suja, talvez criminosa e destinada ao inferno. Inutilmente trabalhas por parecer bem penteada, inutilmente utilizas os serviços dos mestres em cabelos, já que o Senhor manda que os cubras. E creio que mandou, para que algumas de vossas cabeças jamais sejam vistas. Pede a Ele que eu, o mais miserável de todos, naquele público e alegre dia do regozijo cristão, eleve a cabeça, prostrado a seus pés, e verei então se ressuscitas com alvaiade, com vermelho na cabeça, com açafrão, com esses coques na cabeça, e verei se a que anda assim pintada, será levada pelos anjos até Cristo. Se estas coisas são boas, se são de Deus, também então virão aos corpos e ressuscitarão mais da carne e Espírito puros. Logo, as coisas que nem ressuscitarão com o Espírito nem com a carne, porque não são de Deus, são coisas condenadas.

Mas poderão dizer que eu, como homem, e de linhagem contrária, proíbo o lícito às mulheres como se permitisse algo disto aos homens. Por acaso o temor a Deus e o respeito que se deve, não tira muitas coisas aos homens também? Porque sem nenhuma dúvida, assim aos homens por causa das mulheres, como às mulheres por contemplar os homens, nasce de sua natureza viciosa o desejo de parecer bem. Também nossa linhagem sabe usar sua mendacidade: sabe ajeitar a barba, ordenar o cabelo, dar cor aos brancos; tirar o cabelo do corpo, pintá-lo em partes com cosméticos femininos, e em partes alisá-los com pós; sabe se olhar no espelho com cuidado.

Mas a verdade é que o conhecimento que já professamos a Deus, e o despojo de desejar o prazer, e a pausa que prometemos dos excessos viciosos, foge de todas estas coisas, que fazem notável dano à honestidade. Porque onde está Deus, ali está a limpeza, companheira sua. Pois como seremos honestos se não usamos da honestidade como instrumento para ser sérios. Ou como conservaremos a seriedade, mestra do honesto e do casto, se não guardamos o severo, tanto no rosto como no adereço e em tudo que em nosso corpo se vê? Do mesmo modo nas roupas, afastem demasiados enfeites; porque de que serve ter o rosto honesto e arrumado com simplicidade, se o resto do corpo está vestido com roupas exageradas e pomposas? É fácil de se ver que a pompa e a lascívia andam juntas, e como se afastam das regras honestas, pois oferece ao apetite de todos a graça do rosto, ajudada pelo bom atavio; tanto que se isto faltar, não agrada aquilo e fica como perdido. Pelo contrário quando a beleza do rosto falta, a bela roupa quase que a substitui.

Portanto, em primeiro lugar, não permita ser seduzida pelas galas e riquezas dos vestidos; também, quando alguém usar semelhantes arreios, forçada pela sua linhagem, ou suas riquezas, ou a dignidade de seu estado, use-os com toda a moderação possível, como quem professa castidade e virtude. Como poderemos cumprir com a humildade que professamos os que somos cristãos, se não encobrimos o uso de nossas riquezas e galas que servem para nos vangloriar? Poderão perguntar: "Não tenho que usar minhas coisas?" Quem proíbe de usá-las? Mas use-as conforme o Apóstolo que diz que usemos as coisas deste mundo, como se não as usássemos. Porque ele diz: "Tudo o que a ele se parece , voa. Os que compram, diz, comprem como se não o tivessem". E isto porque havia dito primeiro: "O tempo acaba".

E o Apóstolo mostra que mesmo as mulheres devem ser tidas como se não se tivessem, devido à brevidade da vida. O que será destas suas inúteis jóias? Por acaso muitos não fazem assim, e se mantêm em vida casta pelo reino do céu, privando-se por vontade própria do deleite permitido e tão poderoso? Não contradizem alguns as coisas que Deus cria, e se abstêm do vinho e dispensam comer carne, mesmo podendo fazê-lo sem perigo? Não fazem sacrifício a Deus, da afeição de si mesmos, na abstinência dos manjares? Já gozaram bastante de suas riquezas e regalos. Já esqueceram o que ensina a voz da saúde? Nós somos aqueles onde se concluem os séculos; nós aos que, sendo ordenados por Deus antes do mundo, para que tiremos proveito e demos valor aos tempos, nos ensina ele mesmo que castiguemos, ou que castremos o século; nós somos a circuncisão geral da carne e do Espírito, porque cerceamos o que é secular da alma e do corpo. Deus, sem dúvida devia ter nos ensinado a curtir as lãs, ou com o suco das ervas ou com o sangue das ostras. Esqueceu, quando criou tudo, de fazer com que nascessem ovelhas vermelhas ou roxas? Deus devia ter inventado teares que tecessem panos delicados e pesados pelo mesmo preço?

Deus ensina a perfurar as orelhas, provocando graves feridas, sem respeitar o tormento de sua criatura, nem a dor da infância, para que naqueles buracos do corpo, fechadas já as feridas, sejam penduradas não sei que coisas? As quais os partas enfiam por todo o corpo; e ainda há gente que o próprio ouro lhes serve de prisão, como está escrito nos livros dos gentios. De modo que estas coisas são boas por ser raras, e não por si mesmas. A verdade é que os anjos maus é que as ensinaram; eles descobriram a matéria, e demonstraram a arte. Juntou-se a delicadeza do artifício com a raridade, e ai nasceu o preço, e do preço a má cobiça que as mulheres têm, as quais se perdem pelo precioso e caro. E estes mesmos anjos que descobriram os metais ricos, ensinaram como deveriam ser trabalhados, e foram também mestres nas tinturas para embelezar o rosto e colorir as lãs, e por isso foram condenados por Deus, como diz Enoc.

De que modo agradaremos a Deus se apreciarmos as coisas daqueles que despertaram Sua ira e castigo? Mas Deus mostrou e permitiu: nunca Isaías falou mal das púrpuras e das jóias; porém não é por isso que lisonjeando nosso gosto, como os gentios fazem, devemos ter a Deus por mestre e inventor destas coisas e não como juiz e árbitro do uso delas. Viveremos melhor e com mais cuidado se presumirmos que Deus nos colocou tudo para que demonstrássemos nosso equilíbrio e temperança.

Por acaso os senhores que governam bem suas casas não permitem algumas coisas aos seus criados, para saber se eles as usam bem e moderadamente? Pois louvado é aquele que se abstém de tudo e que receia da condescendência do amo! O que receia do lícito, mais temerá o proibido! Qual é a causa para se mostrar tão subordinadas, afastando-se do que as outras necessitam; porque nem vão aos templos dos ídolos, nem aos jogos públicos, nem têm nada a ver com os dias de festa dos gentios; e sempre devido a estes eventos, para ver e ser vistas, usam suas galas, ou para negociar o desonesto, ou para fomentar a soberba.

Não há nenhum motivo para sair de casa que não seja grave e severo, que não peça seriedade; porque ou é visita a algum doente, ou assistir à missa para ouvir a palavra de Deus.

Cada uma destas coisas é motivo santo, para as quais não é necessário se vestir e adereçar de forma extraordinária e dissoluta. E se a necessidade da amizade ou das boas obras chama para ver as infiéis, porque não ir vestidas com o que são suas próprias armas, e não com as que são alheias a sua fé, para mostrar a diferença entre as servas do demônio e as de Deus? Para que, como diz o Apóstolo, Deus seja louvado em seu corpo? E é exaltado com a honestidade e com o hábito que convém à honestidade. Porém dizem algumas: "Antes para que não blasfemem de seu nome em nós, se vêem que tiramos algo do antigo que usávamos. Logo, nem tiremos de nós os vícios passados.

Usemos os mesmos costumes, pois queremos usar os mesmos trajes, e então, não blasfemarão de Deus os gentios?..."Grande blasfêmia é, certamente, que se diga que anda pobre depois que ficou cristã! Temerá alguém de parecer pobre, depois que é mais rica, ou de parecer suja, depois que é mais limpa? Pergunto aos cristãos se convém que andem conforme o gosto dos gentios, ou de Deus. Devemos procurar não dar motivo, para que com razão blasfemem. Será maior motivo de blasfêmia se as que são chamadas de modelos de honestidade, saírem vestidas e pintadas como as desonestas se vestem e pintam.

O que mais fazem aquelas miseráveis que se sacrificam ao público deleite e ao vício, as quais, se antigamente as leis as afastou das matronas e dos trajes que usavam, já a maldade deste século, que sempre cresce, as igualou nisto com as mulheres honestas, de modo que não podem ser reconhecidas sem engano. A verdade é que as que se enfeitam como elas, pouco se diferenciam delas. Aquela poderosa cidade, que se diz que preside sete montes, e que mereceu ser chamada de rameira por Deus, qual traje corresponde ao seu nome? Assenta-se em carmesim seu nome, sem dúvida, e em púrpura, e em ouro e em pedras preciosas, que são coisas malditas.

Tamar, que se engalanou e pintou, por isso a suspeita de Judas de que era mulher que vendia seu corpo; e como o adereço dava a entender que era rameira, tomaram-na como tal. De onde aprendemos que devemos evitar tudo o que levanta suspeitas sobre nós. Porque a integridade da alma casta não há de querer se manchada pela suspeita alheia; e meu traje não publicará meus costumes, para que possa ser tida por honesta a que detesta ser desonesta. Mas dirá por acaso alguma: "Não tenho necessidade de satisfazer os homens, nem procuro ser aprovada por eles; é Deus quem vê o coração". Todos sabemos isso, mas também lembramos do que Ele por a través de seu Apóstolo escreve: "Que vejam os homens que vives bem". E isso para que a má suspeita não te toque, e para que sejas um bom exemplo para os maus, e eles sejam testemunhas. Resplandeçam suas boas obras; para que nos chama o Senhor luz da terra? Para que nos compara com cidade do monte se afundamos e não queremos brilhar nas trevas? Se escondemos a luz de nossa virtude, ficaremos forçosamente a escuras, e nosso exemplo não servirá para outras pessoas.

As obras de bons exemplos são as que nos fazem iluminar o mundo; o bem inteiro e total não gosta da escuridão, e sim gosta de ser visto e se alegra de ser mostrado. Não é suficiente para a caridade cristã ser casta, mas também parecer que é.

Porque convém muito que descartemos os regalos moles, porque sua moleza e excesso efeminam a fortaleza da fé e a enfraquecem. Eu não sei se a mão acostumada às luvas, sofrerá com a dureza das correntes; nem sei se a perna acostumada ao calçado bordado consentirá que o cepo a estreite. Temo muito que o pescoço envolvido com laços de esmeraldas e pérolas dê lugar à espada. Por esse motivo, ensaiemos com o mais áspero para não sentir. Deixemos o suave e alegre, e logo seu desejo nos abandonará. Estejamos prontos para qualquer acontecimento duro, sem temer perder; porque estas coisas detêm nossa esperança.

Desprezemos as galas do chão se queremos as celestiais. Não amem o ouro, que foi motivo do primeiro pecado do povo de Deus. Estão obrigadas a desprezar o que foi a perdição daquelas pessoas; o que afastando-se de Deus, adorou; e ainda, desde aquele tempo o ouro é faísca do fogo. As têmporas e testas dos cristãos em todos os tempos, e principalmente neste são trespassadas e encravadas não pelo ouro e sim pelo ferro. As estolas do martírio estão prontas e no ponto. Os anjos as têm nas mão para vesti-las em nós. Saiam enfeitadas com os adornos e os trajes vistosos dos Apóstolos. Vistam o branco da simplicidade, o vermelho da honestidade, pintem com vergonha os olhos, com o Espírito modesto e calado. Nas orelhas coloquem os brincos das palavras de Deus. Coloquem o pensamento em seus maridos, e assim ficarão mais belas. Ocupem as mãos com lã, finquem na casa os pés, e agradarão mais assim, que cercadas de ouro. Vistam a seda da bondade, a holanda da santidade, a púrpura da castidade e pureza, que, enfeitadas desta maneira agradarão ao Senhor. Isto foi dito por Tertuliano.

Mas não são necessários os arroios, pois temos a voz do Espírito Santo que, pela boca de seus Apóstolos São Pedro e São Paulo, condena este mal clara e abertamente.

São Pedro diz: "As mulheres estão sujeitas a seus maridos, as quais nem tragam os cabelos descobertos, nem se cerquem de ouro, nem se enfeitem com roupas preciosas, mas que seu enfeite seja seu interior onde está seu coração, a integridade e o espírito quieto e modesto, o que é valioso aos olhos de Deus, porque deste modo, em outros tempos, se adereçavam aquelas santas mulheres".

E São Paulo diz de modo semelhante: "Vistam-se as mulheres

decentemente, e seu adereço seja modesto e sóbrio, sem cabelos encrespados, sem ouro e pérolas, sem vestes preciosas, mas como convém às mulheres que professam virtude e boas obras".

Seja este pois, seu verdadeiro enfeite, e no que se refere ao rosto, façam como faziam as senhoras do reino que estendiam as mãos e recebiam nelas água da tina, passando-a pela face, pegando parte dela na boca, lavando as gengivas, passando os dedos pelos olhos e orelhas até que tudo fique bem limpo; limpem-se depois com um pano áspero e ficarão mais belas que o sol. Acrescenta:

é assinalado nas portas seu marido,
quando senta-se com os governadores
do povo.

Nas portas da cidade ficavam as praças, e nas praças ficavam os tribunais e assentos dos juízes, e dos que se juntavam para consultar sobre o bom governo e regimento do povo. Conta-se que nas praças e lugares públicos, e onde houver junta de homens principais, o homem cuja mulher for como se indica aqui, será mediante ela conhecido, e assinalado e apreciado por todos. E diz isto Salomão em Salomão e o Espírito Santo, não só para mostrar quanto vale a virtude da boa, pois dá honra a si mesma e enobrece seu marido, mas também para ensinar nesta virtude da perfeita casada, da qual estamos falando, que é o sumo dela, e a meta até onde há de chegar, que é coroa de luz, e benção e alteza de seu marido. Pois assim é conhecido por todos e acatado e reverenciado, e todos têm por ditoso e bem-aventurado ao que coube esta boa sorte; em primeiro lugar porque lhe coube, porque não há jóia nem posse tão apreciada e invejada como a boa mulher; e segundo porque, mereceu que coubesse; porque assim como este bem é precioso e raro, e dom propriamente dado por Deus, que só é alcançado por aqueles que temendo-o e servindo-o, o merecem com marcada virtude.

Assim testemunha Deus no Eclesiástico: "Sorte boa é a mulher boa, e é parte do bom prêmio dos que servem a Deus, e será dada ao homem pelas suas boas obras". Aquele que tem uma boa mulher, é estimado por tê-la, e virtuoso por merecer tê-la. De onde se entende que carecer deste bem, muitas vezes, é por sua própria culpa. Porque em verdade, o homem vicioso e distraído, de avessa condição, que joga seus bens, é um leão em sua casa e segue a desonestidade, não espere ter uma boa mulher, porque não a merece; nem Deus a quer tão mal que deseje juntá-la a uma tão má companhia e porque ele mesmo, com seu mau exemplo a estraga e corrompe.

Porém Salomão torna ao caseiro da mulher, e diz:
Pano teceu e vendeu-o;
franjas deu ao cananeu.

Chama de cananeu ao mercador, porque os daquela nacionalidade geralmente tratam disto, como o português. E vai sempre acrescentando uma virtude a outra virtude, e leva pouco a pouco sua maior perfeição a esta pintura que faz, e quer que o trabalho e o cuidado da boa casada seja não só para sua casa, mas que venda o que sobra e o transforme em riqueza sua e provisão alheia.

E que seja suficiente o que já dissemos.
Fortaleza e boa graça seu vestido,
reinou até o último dia.

A boa mulher casada há de ser, e muito, o que aqui Salomão chama de fortaleza e não por isso tem permissão para ser insossa, e em seus modos sem graça. Quero dizer que, nem o trabalho nem o zelo, nem o cuidado com a casa farão com que ela seja áspera e terrível, nem a graça e a prazerosa fala e semblante hão de ser moles nem desatados, mas equilibrando um com outro, conserve o meio termo, fazendo uma agradável e excelente mistura.

E não há de conservar por um dia ou por um breve espaço este teor, mas para toda a vida, até seu último dia. O que é próprio de todas as coisas que são virtude ou têm raízes na virtude, é ser perseverantes e quase perpétuas, e nisto se diferenciam das que não são.

Os que já viram alguma mulher que se parece com estas da quais falamos, saberá a diferença. Uma, em qualquer momento nos oferece doce e agradável acolhida; outra, cuja graça e doçura sua não é graça que desata o coração de quem a vê, nem amolece; antes é como uma lei de virtude, e assim deleita e afeiçoa, mas também limpa e purifica; e apagando as tristezas, lava as torpezas também.

A força dela, e aquilo em que propriamente consiste, é declarado melhor no que se segue:

Sua boca abriu em sabedoria,
e lei de piedade em sua língua.

Duas coisas compõem este bem do qual falamos: razão discreta e fala doce. O primeiro é sabedoria, e o segundo piedade, ou melhor, ternura. Pois entre todas as virtudes, a boa mulher casada há de procurar ser sábia em sua razão e doce em sua fala. E podemos dizer que com isso brilhará, e terá toda a virtude, e sem isso, tudo ficará como morto e perdido. Porque uma mulher néscia e faladeira, como geralmente são as néscias, mesmo que tenha outros bens, é intolerável. E, nem mais nem menos, a que é brava, de dura e áspera conversa, não pode ser olhada nem tolerada. E assim, podemos dizer que o que foi antes visto é como o corpo desta virtude da mulher casada que desenhamos; mas isso último é como a alma, a perfeição, o arremate, e a flor de todo este bem.

No que se refere ao primeiro, que é cordura e discrição ou sabedoria, quem não a tiver, ou se Deus não lhe deu, com dificuldade a convenceremos de que lhe falta e que a procure. Porque o mais próprio da necessidade é não se conhecer e imaginar-se sábia, e mesmo que a convençamos será difícil colocá-la no bom caminho, porque se aprende mal aquilo que não se aprende no berço. E o melhor conselho que podemos lhe dar é que se cale, já que são pouco sábias, se esforcem para se manter caladas. Porque como diz o sábio: "Se o néscio calar, muitas vezes passará por sábio". Pode ser que calando e ouvindo, e pensando primeiro consigo mesma o que vão falar, acertem falando o que mereça ser ouvido.

Mas seja como for, é justo que se prezem de calar, tanto àquelas que convém que encubram seu pouco saber, como àquelas que podem sem vergonha descobrir o que sabem; porque em todas é, não só condição agradável, mas também virtude, o silêncio e o falar pouco.

E abrir sua boca com sabedoria, como o Sábio diz aqui, é só abri-la quando for necessário. Porque assim como a natureza, como dissemos e diremos, fez as mulheres para que trancadas guardassem a casa, assim as obrigou a que fechassem a boca; e como as desobrigou dos negócios e contratações fora, assim as liberou do que se segue à contratação, que são as muitas conversas e palavras. Porque o falar nasce do entender, e as palavras são como imagens ou sinais do que o ânimo concebe em si mesmo; assim como a mulher boa e honesta não foi feita pela natureza para o estudo das ciências, nem para o os negócios, e sim para um só ofício simples e doméstico, assim limitou seu entendimento, e por conseguinte taxou suas palavras e razões.

Costumava dizer Demócrito que o enfeite da mulher e sua formosura era a fala escassa e limitada.

O estado da mulher, em comparação ao marido, é o estado humilde, e como é dote natural das mulheres a mesura e a vergonha, não há nada que desfaça mais da humildade e da vergonha, que ser faladeira.

Conta Plutarco que Fídias, escultor nobre, fez aos elienses uma imagem de Vênus que apoiava os pés em uma tartaruga, que é animal mudo, que nunca abandona sua carapaça; dando a entender que as mulheres, do mesmo modo, devem guardar sempre a casa e o silêncio. Porque verdadeiramente, saber calar é sabedoria própria e aquela de quem fala aqui Salomão, mesmo que aprenda, é difícil se não o tem por si mesma. Isto quanto ao primeiro.

O segundo, que se refere à aspereza e desgraça da condição, que na maioria das vezes, nasce mais da vontade viciosa do que da natureza errada, é doença mais curável. E devem tomar cuidado com isso as boas mulheres, porque não sei se há coisa mais monstruosa e desagradável que ser uma mulher áspera e brava. A aspereza foi feita para os leões e tigres e ainda, para os homens por sua compostura natural, e pelo peso dos negócios nos quais geralmente se ocupam, têm a permissão para ser um pouco ásperos. A testa franzida e a esquivez neles algumas vezes está bem; mas a mulher, se for leoa, o que lhe resta de mulher? É só olhar para seu feitio e se perceberá que nasceu para a piedade. E como nas onças as unhas agudas, os dentes grandes, a boca assustadora e os olhos sanguinolentos, as convidam à crueldade, assim a figura dela a obriga a que seja mesurada. E não pensem que Deus as criou e as deu ao homem só para que cuidem de sua casa, mas também para que tragam consolo e alegria.

Para que nela o marido cansado e zangado encontre descanso, e os filhos amor, e a família piedade e todos em geral acolhimento agradável.

Os hebreus chamam as mulheres de "a graça da casa". E as chamam assim em sua língua porque quer dizer muitas coisas; quer dizer asseio, beleza, graça, luz e deleite, harmonia, contentamento. De onde entendemos que a boa mulher deve ter essas qualidades, e que a que não as têm, não deve ser chamada nem de graça, nem de luz, nem prazer da casa, e sim de traste dela, estropício, o duende e espantalho que a todos perturba e assombra.

E acontece assim, que como nas casas que são por esta causa assombradas, quem vive nelas as deixa, e onde reinam em figura de mulher estas feras, o marido teme entrar, e a família deseja sair, todos a detestam, e o mais rápido possível se benzem e fogem. O Sábio diz: "O açoite da língua da mulher brava por todos se estende; zanga feia da mulher airada e bêbada, é sua afronta perpétua". Eu conheci uma mulher que quando comia, brigava, e quando anoitecia, brigava também, e quando o sol nascia, a encontrava brigando, e fazia isso todo o santo dia, e por semanas e meses e anos, e era seu único ofício; ouvia-se sempre seus gritos e a voz áspera, e a palavra desagradável e os insultos. Nunca a ouvi sem lembrar o que diz o poeta.

Tesífone, rodeada de crueldade,
a entrada, sem dormir de noite e de dia
ocupa; soa o grito, a braveza,
o choro, o cru açoite, a teimosia.

Assim, era sua casa uma imagem do inferno nisso, mas no resto um paraíso, porque as pessoas dela eram, não para promover a braveza, e sim para dar contentamento e descanso para quem olhasse. De onde, pensando nisso algumas vezes, decidi que todas aquelas brigas não tinham um motivo mais sério, e aquela senhora geralmente se excedia.

Assim sendo, nestas bravas, se procurarmos bem as causas desta sua desenfreada e continua cólera, acharemos que as razões são besteiras; uma porque acha que quando briga é senhora; a outra por problemas com o marido desconta na filha ou na escrava; a outra porque seu espelho não mentiu nem a mostrou hoje tão bela como ontem. Uma se embravece com o vinho, outra com seu não cumprido desejo, e a outra por sua falta de sorte.

Mais adiante diz:
*Rodeou todos os cantos de sua casa
e não comeu o pão em vão.*

Quer dizer que se levantando, a mulher há de prover as coisa de sua casa, colocar ordem nelas, não há de fazer o que muitas agora fazem, isto é, logo que põem os pés no chão ou mesmo ainda na cama, comem seu almoço como se houvessem passado a noite trabalhando. Outras se sentam frente ao espelho e ficam se pintando durante três ou quatro horas e quando chega o marido não há nada pronto.

Salomão fala disso, não porque não houvesse falado antes, mas porque repetindo fica mais firme na memória, como coisa importante. E o diz também, porque dizendo à mulher que gire pela casa, quer ensinar o espaço pelo qual ela deve andar; é como dizer que o campo dela é a própria casa e não as ruas, nem as praças, nem as hortas, nem as casas alheias.

"Rodou, diz, *pelos cantos de sua casa"*; para que se entenda que deve andar pela casa, que deve estar presente em todos os cantos. Não dissemos antes que o motivo pelo qual Deus fez a mulher e a deu ao marido como companhia, foi para que guardasse a casa, e cuidasse do que o marido traz para casa? Se é próprio de sua natureza guardar a casa, não se permite que ande na rua, de casa em casa e vagabunda. Diz São Paulo a seu discípulo Tito que ensine às mulheres casadas para que "Sejam prudentes, que sejam honestas, que amem seus maridos e cuidem de suas casas". Porque Deus fez as mulheres fracas e com membros moles, para que fiquem no seu canto.

A mulher da rua perverte seu natural. E como os peixes, enquanto estão dentro d'água, nadam ligeiros, mas se por acaso saem dela ficam ali sem poder se mexer, assim a boa mulher enquanto está dentro de casa é ágil e ligeira, mas fora dela é manca e torpe.

Deus não as dotou da criatividade necessária para os negócios maiores, nem de força para a guerra e o campo, contentem-se com o que são que é sua sorte, e entendam-se em sua casa e andem por ela, pois Deus as criou para isso.

Os chineses, quando nascem as meninas, lhes torcem os pés, para que quando sejam mulheres não possam sair, e porque para andar dentro de casa, os pés tortos é suficiente.

Mesmo na igreja, onde a necessidade da religião as leva, quer São Paulo que estejam cobertas, e que quase não sejam vistas pelos homens. O que há de fazer fora de casa se não tem nada a ver com as coisas que fora se tratam?

Sendo assim, as que ficam em suas casas, fechadas e ocupadas, as melhorarão e andando fora, elas as destroem. E as que andando pelos cantos ganharão a boa vontade do marido, andando pelas ruas corrompem os corações alheios e amolecem as almas dos que as vêem, as que, por ser elas moles, foram feitas para a sombra e o segredo das paredes.

E se é próprio da má mulher vagar pelas ruas, como diz Salomão nos *Provérbios*, temos que há de ser propriedade da boa mulher aparecer poucas vezes em público.

Diz alguém, acerca do poeta Menandro:
À boa mulher lhe é próprio e bom
continuamente estar em sua moradia,
porque vagar fora é próprio das vis.

Nem por isso pensem que não serão conhecidas ou estimadas se ficam em casa, porque ao contrário, não há nada que as faça mais apreciadas que assistir nela o ofício, como a pitagórica de Teano, em seu canto fiando e tecendo.

Porque às que assim o fazem acontece o que digo a seguir:
Levantaram-se seus filhos e a louvaram,
e elogiou-a também seu marido.

Parecerá a alguns que uma mulher que tem filhos e marido que a elogiem, tem mais boa fortuna que virtude. E dirão que não é esta alguma das coisas que ela deve fazer para ser quem deve, e sim das que, se for, acontecerão.

Mas mesmo sendo verdade que lhes acontece isso, deve-se entender que não é por acaso, e sim porque fizeram por merecer. E nos ensina Salomão a cuidar do marido; criar bem os filhos, de modo que não só com devidas e agradecidas palavras a louvem, porém muito mais com feitos e obras. Que é pedir tanta bondade e virtude, como são necessárias, não só para si, mas também para o marido e os filhos. E assim não se deve pensar que pedir esta virtude é pedir o que não podem fazer, porque se alguém pode com o marido é a própria mulher. E se o pensamento cristão obriga ao bem do estranho, deve-se pensar que a mulher está obrigada a cativar e melhorar seu marido.

São duas as coisas que elas têm para persuadir a eficácia: a amizade e a razão. Pois vejamos qual dessas duas coisas falta na mulher que falamos aqui, ou vejamos se há algum deles que se iguale com ela em isso.

O amor que há entre marido e mulher é mais estreito, como é notório, porque a natureza lhe acrescenta graça, acende o costume e os une estreitamente com outras obrigações. Pois a razão e a palavra da mulher discreta é mais eficaz que nenhuma outra nos ouvidos do homem, porque é doce.

Muitos homens que habitam em Israel são de tão discreta e mais discreta razão que a mulher de Técua (*II Livro dos Reis*, 1); e para persuadir Davi para que retornasse a graça a seu filho Absalão, Joab, seu capitão-geral, aproveitou-se do aviso de esta mulher só, e ela quis que com sua boa razão e sua palavra doce, amolecesse a piedade do coração do rei, justamente indignado; e conseguiu. Porque, como digo, melhora-se e esforça-se muito qualquer boa razão, na boca da boa e sábia mulher. Quem não gosta de agradar a quem ama? Ou quem não se fia de quem é amado? Ou quem não dá crédito ao amor e à razão quando se juntam? A razão não se engana e o amor não quer se enganar; e assim, por esse motivo, tem a boa mulher agarrado o marido em todos os portos, porque não pensará que se engana a que é tão discreta, nem suspeitará que quer lhe enganar a que, como sua mulher, o ama. E se os benefícios, na vontade de quem os recebe, criam desejo de agradecimento e garantem que sem receio se fie daquele que os recebeu, ambas coisas fazem poderosíssimo o conselho que dá o beneficiador ao beneficiado.

De um homem estranho, se ouvimos que é virtuoso e sábio, acreditamos em seu parecer; duvidará o marido de obedecer à virtude e discrição que a cada dia vê e sente? E porque dizemos a cada dia, têm ainda mais as mulheres para alcançar de seus maridos o que quiserem e que podem tratar com seus maridos nos melhores momentos. Muitas vezes o que a razão não consegue a importunidade vence, e principalmente a da mulher, que como dizem os conhecedores, é a maior.

A mulher pode muito, e a virtude e a razão por separado são muito valentes, e juntas se ajudam entre si e se fortificam de modo tal, que deixam tudo aos seus pés. Elas sabem que digo a verdade, e que é verdade que se pode provar com o exemplo de muitas, que com seu bom conselho e discrição, corrigiram mil males sinistros em seus maridos e ganhando-lhes a alma e corrigindo sua condição às vezes brava, em outros distraída e em outros de diferentes formas viciosa. De modo que as que se queixam agora deles e de sua desordem, queixem-se primeiro de si mesmas e de sua negligência, pela qual não são como devem.

Mas se não podem com o marido, com os filhos, que são parte sua e os têm desde seu nascimento e que são na infância como de cera, que podem dizer, senão confessar que os vícios deles e os desastres provocados por seus vícios, na maioria das vezes são culpa dos pais. E agora falando das mães, entendam as mulheres que, se não têm bons filhos, grande parte disso se deve a que não são elas totalmente suas mães. Porque não há de pensar a mulher casada, que ser mãe é só gerar e parir um filho; que o primeiro foi seu deleite, e o segundo necessidade natural.

O que se segue depois do parto é o puro ofício da mãe, e o que pode fazer o filho bom e o que de verdade a obriga. Por isso esta perfeita mulher casada não o será se não cria seus filhos, e que a obrigação que tem por seu ofício de fazê-los bons, essa mesma obrigação tem de criá-los no peito; porque com o leite, não digo que se aprende, que seria o melhor, porque contra o mal aprendido o remédio é o esquecimento; mas digo que se bebe e se transforma em substância e como na natureza, tudo de bom e tudo de mau que há naquela de quem se recebe. Porque o corpo tenro de uma criança, que saiu como começada do ventre, termina de se formar com a teta. Depois de bem formado o corpo, virá a alma, cujos costumes nascem de suas próprias inclinações; e se os filhos saem aos pais de quem nascem, como não sairão às amas que os amamentam, se for verdadeiro o refrão espanhol? Por acaso não vemos que quando a criança está doente purga se a ama que o cria, e purificando e sarando o mau humor dela, damos saúde a ele.

Entendamos que como é única a saúde, assim é único o corpo; e se os humores são únicos, também o serão as inclinações, as quais por andar sempre irmanadas com eles, com razão são chamadas de humores. Se a ama for bêbada, devemos entender que o coitadinho beberá, com o leite, o amor pelo vinho; se colérica, se tonta, se desonesta, se de vis pensamentos, como geralmente o são, a criança será igual. Se não criar os filhos é colocá-los em tão claro perigo, como é possível que cumpra com o que deve a mulher casada que não os cria? Quer dizer que aquela que na melhor parte se sua casa, e para cujo fim casou-se, põe tão poucos cuidados, de que lhe vale ser diligente no resto, se no mais importante é descuidada? Se o filho for um perdido, de que lhe servem os bens; que bem pode haver na casa onde os filhos para quem é, não são bons? E se a piedade com todos é parte da virtude conjugal, como já dissemos, como é possível entregar o fruto de suas entranhas a um estranho, e a imagem de virtude e de bem que nele havia a natureza começado a obrar, consentem que a outra apague, e que imprima vícios no que saiu do ventre com boas inclinações; certamente não são boas mulheres casadas. Porque é próprio da mulher casada gerar filhos e fazer isso é perdê-los; e é próprio dela gerar filhos legítimos, e os que se criam assim, olhando-os bem, são bastardos.

Para que você entenda que é verdade, a mãe que gera o filho só põe uma parte de seu sangue, a qual a virtude do homem, torna carne e ossos. A ama que cria põe o mesmo, porque o leite é sangue, e naquele sangue a mesma virtude do pai que vive no filho faz a mesma obra; mas a diferença é esta, que a mãe o manteve por nove meses e a ama por vinte e quatro; a mãe influi no corpo e a ama no corpo e na alma. De modo que, levando tudo em conta, a ama é mãe e quem o pariu é pior que madrasta, pois afasta de si o filho e deixa de lado o que havia nascido legítimo, sendo a causa de que seja mal nascido quem poderia ter sido nobre, e comete de certo modo um tipo de adultério, um pouco menos ruim, mas não menos danoso que o comum, porque naquele vende o marido pelo filho que não é, e aqui o que não é dela, e faz sucessor de sua casa o filho da ama e da moça, que às vezes é uma vilã, ou escrava.

Combina com isso o que disse certo romano, da família dos Gracos, que voltando da guerra vencedor e rico, e vindo ao seu encontro para recebê-lo, alegres e regozijadas, sua mãe e sua ama ele repartiu com elas os presentes que trazia: para a mãe um anel de prata e para a ama um colar de ouro; e como a mãe reclamasse indignada, ele respondeu que ela o teve por nove meses no ventre e a ama por dois anos no peito. Disse também que o que tinha da mãe era o corpo, que lhe foi dado de modo não muito honesto; mas a dádiva da ama foi dada por pura e simples vontade; a mãe, depois de nascer o afastou, mas a ama se ofereceu e o recebeu em seus braços, tratando-o amorosamente, fazendo com que seja o que é hoje.

Manda São Paulo, na doutrina que dá às mulheres casadas, "que amem seus filhos". É natural que as mães os amem, e não tinha porque São Paulo se encarregar de um preceito tão comum, do qual se entende que dizer "que os amem"; que os crie, e os amamente; é isso que São Paulo chama de amá-los, pois não criá-los é vendê-los e fazê-los não filhos seus, e como deserdá-los de seu natural, já que todas elas são obras de grande aborrecimento, e tão grande que vencem até as feras. Qual é o animal que não cria seus filhotes e os entrega para que outro os crie, confiando a criação do que pariu? A braveza da leoa, que sofre mansamente com seus filhotes sugando suas tetas. E a tigresa, sedenta de sangue, dá alegremente o seu, pelas suas crias. Se olhamos para o delicado passarinho, que, por não deixar seus ovos, se esquece de comer e enfraquece, e quando eles saem do ovo; voa ao redor trazendo com o bico o que vão comer, e não come para que eles comam.

A natureza por si mesma declara sua vontade, enviando, logo depois do parto, leite às mães. Esse é o mais claro sinal que Deus envia. Quando enche os peitos das mulheres, as manda criar; enchendo seus peitos avisa que devem ser mães; os raios do leite que vêm são como ferroadas, que as despertam para que se aproximem do que pariram. Mas algumas fazem ouvidos surdos a tudo isso, e se desculpam dizendo que é muito trabalho e que envelhece parir e criar. É trabalhoso, confesso; mas, se for assim, quem fará seu próprio serviço? Que não esgrima a espada o soldado, nem se oponha ao inimigo, porque é perigoso e cansativo; e porque se desgasta muito no campo, descuide o pastor de suas ovelhas.

É trabalhoso parir e criar; mas entendam que é um trabalho irmanado e não há permissão para dividi-lo. Se incomoda criar não devem parir, e se gostam de parir também criem. Se nisso há trabalho, o do parto é sem comparação maior. Porque, então, as que são valentes no que é maior, se acovardam no que é menor? Bem se deixam entender as que o fazem assim, e quando não pelos filhos, por vergonha, deveriam trazer mais cobertas e disfarçadas suas inclinações. Parir, mesmo que seja uma dor terrível, passa. Ao criar não enfrentam, porque não há deleite que o delate. Apesar de que, se olharmos bem, nem isto lhes falta às mães que criam; antes neste trabalho a natureza, que é sábia e prudente, repartiu grande parte de gosto e contentamento; o qual, mesmo os homens não o sentindo, a razão nos diz que há, e nos extremos que fazem as mães com os filhos o vemos. Que trabalho não paga a criança a sua mãe, quando ela o tem em seu colo nu, quando ele brinca com a teta, quando a agarra com sua mãozinha, quando a olha sorrindo. E quando se prende em seu pescoço e a beija, acho que ainda a deixa agradecida.

Crie, pois, seu filho a mulher casada perfeita, e conclua nele o bem que formou, e não deixe que façam mal à obra de suas entranhas, e não queira que torne a nascer mal o que havia nascido bem, nem que o leite seja mestre de vícios, nem faça bastardo seu sucessor, nem consinta em que conheça a outra antes que a ela por mãe, nem queira que começando a viver comece a se enganar.

Que seja ela a primeira a olhar seu filho, que o rosto dela se fixe no dele. A piedade, a doçura, o cuidado, a modéstia, o bom saber, com todos os demais bens, não só os passe com o leite ao corpo da criança, mas também os comece a imprimir na alma tenra dele com os olhos e com o semblante; e ame e deseje que seus filhos sejam totalmente seus, e não se preocupe em parir muitos filhos, mas poucos e bons. Porque esses com as obras a elogiarão sempre, e muitas vezes com palavras dizendo o que segue:

Muitas filhas alegaram riquezas,
mas tu superaste a todas elas.

O hebreu chama de filhas todas as mulheres. Por riquezas haveremos de entender, não só os bens materiais mas também os da alma, como são o valor, a fortaleza, o trabalho, cumprir com seu ofício, com tudo o demais que pertence à perfeição desta virtude. Diz Salomão que os filhos da perfeita mulher casada, louvando-a, a elevam sobre todas, e dizem que das boas ela é a melhor. Salomão escreve que dirão conforme o costume dos que louvam, que é comum que o que é louvado fique fora de toda comparação. Em verdade, tudo que é perfeito em seu gênero tem isso que, se olharmos com atenção, enche a vista de quem olha, que o faz pensar que não há nada igual.

Dizendo de outra maneira, não é que se faz comparação com outras casadas que foram perfeitas, e sim com as que pareceram querer sê-lo. E isso se encaixa muito bem, porque esta mulher que é louvada aqui, não é nenhuma em particular que foi como dissemos, e sim o modelo; e não é uma perfeita, mas todas as perfeitas, ou melhor, a própria perfeição; e assim não se compara com outra perfeição de seu gênero, porque não há outra. Porque a cada virtude segue outra, que não é ela nem virtude; como a ousadia parece fortaleza, e não é, e o despachado não é liberal, mesmo que pareça.

Do mesmo modo há mulheres casadas que querem se mostrar completas e perfeitas em seu ofício, e quem não prestar atenção pensará que são, mas em verdade não o são. E isso por diferentes motivos: porque algumas se são caseiras, são avarentas; umas criam os filhos e não se preocupam com os criados; outras porque mimam a família e se unem em bando contra o marido. E porque todas elas têm algo dessa perfeição, parece que a tem toda, e de fato carecem dela, porque não é coisa que se vende por partes. Ainda há algumas que se esforçam, mas não por razão, mas por inclinação ou por desejo; e assim são volúveis e não conservam sempre um teor nem têm a verdadeira virtude, mesmo chegando bem perto. Porque esta virtude, como as outras, não é planta que cresce em qualquer terreno, nem é fruta de toda a árvore, mas que quer seu próprio tronco e raiz, e não nasce nem brota se não for de uma fonte que é a que se declara a seguir:

Engano é a graça, e zombaria,
a beleza; a mulher que teme a Deus
é digna de louvor.

Põe a beleza da boa mulher, não nas figuras do rosto, e sim nas virtudes secretas da alma, as que são abrangidas pelo que chamamos temer a Deus.

Mas mesmo este temor a Deus que embeleza a alma da mulher, como principal beleza há de se buscar e estimar nela a questão da beleza corporal, da qual diz o sábio que é vã; porque se costuma duvidar se é conveniente que a boa mulher casada seja bela e formosa. É bem verdade que esta dúvida não toca diretamente naquilo que as perfeitas mulheres casadas são obrigadas, como naquilo que devem buscar e escolher os maridos que desejam ser bem casados. Porque ser bela ou feia uma mulher, é qualidade com a qual se nasce, e não coisa adquirida por vontade própria nem se pode impor lei nem mandamento para as boas mulheres.

Mas a beleza consiste em duas coisas, uma que chamamos de boa proporção da figura, e a outra que é limpeza e asseio, porque sem limpeza não há nada belo, mesmo que, nenhuma se não o for pode se transformar, mesmo que deseje; porém no que se refere a asseio e à limpeza, a maior parte está em seu cuidado e vontade; e a qualidade, que mesmo não sendo virtude que enfeita o ânimo, é fruto dela e indício grande da limpeza e harmonia que há na alma e no corpo limpo e asseado; porque assim como a luz encerrada na lanterna a esclarece e transpassa, e se descobre por ela, assim a alma clara e com virtude resplandecente, devido à ligação que tem com seu corpo, e por estar intimamente unida a ele, o esclarece e compõe o quanto é possível na composição da figura. Assim pois, se não é virtude do ânimo o asseio do corpo, é sinal de limpeza e asseio; pelo menos é cuidado necessário na mulher para que conserve e acrescente o amor de seu marido. Porque, que vida terá aquele que tem sempre ao seu lado na mesa, onde se senta para comer, e na cama onde vai descansar, uma mulher desalinhada e nojenta, a qual nem pode ser olhada sem torcer os olhos ou tampar o nariz?

E não será isto somente quando a veja, mas sempre que entrar na casa, mesmo que não a veja. Porque a casa e a limpeza dela terá o cheiro da mulher, cujo cargo é a ordem e a limpeza, e se for asseada ou desasseada, isso se refletirá tanto na casa, como na mesa, como na cama. A primeira parte disso que chamamos de beleza consiste em ser uma mulher asseada e limpa, coisa que está na vontade da mulher que quer sê-lo, e que convém a cada uma delas.

Mas a outra parte, que consiste na escolha da cor e figura, não está na mão da mulher tê-la, e não convém que quem se casa busque mulher muito bela, apesar do belo ser bom, mas nem sempre são boas as que são muito bonitas. Disse sobre isso Salomão:

É coisa boa ver a fêmea formosa,
bela para os outros; porque ao marido
é custoso dano e desventura.

Porque o que muitos desejam, deve ser guardado de muitos, e assim corre maior perigo, e todos gostam de coisas bonitas. E é um inconveniente gravíssimo que na vida de casados, que se ordenou para que ambas partes descanse cada uma delas, e não se preocupe com a vizinha, escolha tal companhia, e esteja obrigado a viver com receio e cuidado que, buscando uma mulher para não ter que se preocupar com a casa, esteja atormentado e com receio, sempre que não estiver nela.

E esta beleza é perigosa, não só porque atrai para si e acende a cobiça nos corações dos que a olham, mas também porque despertam a que a tem, e gosta de ser cobiçada. Porque, se todas gostam de parecer bem e de ser vistas, certo é que as que não o são não irão querer viver escondidas; além do mais a todos nos é natural amar nossas coisas, e pela mesma razão desejar que sejam prezadas e estimadas, sendo sinal de que uma coisa é prezada quando muitos a desejam e amam; e as que se sabem belas, para crer que o são, querem que o confirme a afeição de muitos. E para dizer a verdade, já não são honestas as que gostam de ser olhadas e requisitadas desonestamente.

Assim, quem procura mulher muito formosa, anda com ouro por terra de bandidos, e com ouro que não consegue esconder e mostra aos ladrões; e mesmo não causando maior dano, já faz com que o marido se sinta afrontado; porque na mulher semelhante a ocasião que há para não ser boa por ser cobiçada por muitos, essa mesma provoca em muitos grande suspeita que não o é, e essa suspeita é suficiente para que ande de boca em boca com sua honra menosprezada e perdida. Mas quem sabe o que vale e o que dura a beleza, com que rapidez se acaba e murcha, a quantos perigos está exposta, e os tributos que paga? "Toda a carne é feno, diz o Profeta, e toda a glória dela, que é sua beleza, e seu brilho como flor de feno" (*Isaías*, 1).

Não é bom que pelo prazer dos olhos ligeiro e de um momento queira um homem cordato fazer amargo o estado que vai durar enquanto dure sua vida; e que para que seu vizinho olhe com alegria sua mulher, morra ele ferido de descontentamento, e que negocie com seus pesares os prazeres alheios. De modo que, mesmo que lhe pese, algum dia e muitos dias conheça sem proveito e condene seu erro e diga, mesmo tarde, o que aqui diz deste seu perfeito modelo o Espírito Santo: *"Engano é a boa graça, e zombaria a formosura; a mulher que teme a Deus, essa á digna de ser louvada"*. Porque há de se entender que essa é a fonte de tudo o que é verdadeira virtude, e a raiz onde nasce o que é bom, e o que só pode fazer e faz com que cada um cumpra totalmente com o que deve, o temor e respeito de Deus, e levar em conta sua lei; e o que nisso não se baseia, nunca chega ao cume.

E entendemos por temor a Deus, conforme a Sagrada Escritura, não só o temor, mas se empenhar com vontade e com obras no cumprimento dos mandamentos, e o que, em uma palavra chamamos serviço de Deus. E descobre esta raiz Salomão, não porque seu cuidado deva ser o último, mas como dissemos, o princípio de todo bem é ela; de outro modo, porque temer a Deus e guardar com cuidado sua lei é mais próprio da casada que de todos os homens. A todos nos convém colocar nisto toda nossa vontade; porque sem isso ninguém pode cumprir com as obrigações de cristão, nem com as de seu ofício. Quero dizer que comece e acabe todas suas obras, e tudo aquilo que obriga seu estado, de Deus, em Deus e por Deus; e que faça o que convém, não só com as forças que Deus lhe dá para isso, mas principalmente para agradar a Deus. De modo que o alvo para onde se deve olhar em tudo que se faz deve ser Deus, tanto para pedir favores e ajuda, como para fazer o que deve puramente por Ele; porque o que se faz, e não é por Ele, não é totalmente bom, e o que se faz sem Ele, como coisa nossa, é coisa de pouco valor.

E assim, o temor e serviço de Deus há de ser nela o principal e primeiro, não só porque é mandado, mas também porque é necessário; porque as que assim não o fazem se perdem e além de ser más cristãs, na lei das casadas, nunca são boas, como se vê todo dia. Umas se esforçam por temor ao marido, e assim, não fazem bem mais que o que ele vê. Outras que trabalham porque o amam e querem agradar, esfriando o amor abandonam o trabalho. As movidas pela cobiça não são caseiras e sim escassas de outras virtudes. Outras que se inclinam por honra e que gostam de parecer boas e honradas, cumprem com o que parece e não com o que é, e nenhuma delas consegue o que pretende.

Mas as que se apegam a Deus, cumprem com todo seu ofício totalmente porque Deus quer que o cumpram, e o cumprem não em aparência, mas de verdade porque Deus não se engana; e fazem seu trabalho com gosto e deleite, porque Deus lhes dá forças; e perseveram nele, porque Deus persevera; e caminham sem erros, porque não estão em sua cabeça; e crescem no caminho e vão para frente; e finalmente conseguem o prêmio; porque quem lhes dá é Deus, a quem elas em seu ofício servem.

E o prêmio é o que Salomão, concluindo toda esta doutrina, coloca a seguir:

Dá-lhe do fruto de suas mãos,
e louvem nas praças suas obras.

Os frutos da virtude, sejam quais forem, São Paulo os põe na epístola que escreveu aos gálatas, dizendo (*Epístola aos Gálatas*, 5): "Os frutos do Espírito Santo são amor e gozo, paz e sofrimento, bondade, mansidão, fé e modéstia, e temperança e limpeza". E a esta rica companhia de bens, aos que ela mesma se parece, se acrescenta ou segue outro fruto melhor que é gozar da vida eterna de Deus. Pois estes frutos são os que aqui o Espírito Santo quer e manda que se dêem à boa mulher, e os que chama de frutos de suas mãos, ou seja, as suas obras.

Vejam agora as mulheres que boas mãos têm as boas, que ricos e proveitosos são os trabalhos que fazem. O proveito são os bens e riquezas do céu, a honra é um singular louvor na terra.

E assim acrescenta: *"Louvem nas praças suas obras"*. Porque mandar Deus que a louvem é certeza de que a louvarão; porque o que Ele diz se faz, e porque o louvor segue como sombra à virtude, e se deve somente a ela.

E diz:"Nas praças" porque não só em segredo e em particular, mas também em público e em geral soarão seus louvores, como realmente acontece. Porque, mesmo que tudo aquilo em que brilha algum bem é olhado e apreciado, nada enche tanto os olhos, nem causa tanta satisfação nos homens como uma mulher perfeita.

Porque alguns louvam o caseiro, outros agradecem a discrição, outros elevam aos céus a modéstia, a pureza, a piedade, a suavidade doce e honesta; seu rosto limpo, seu vestido asseado, seus bordados e seu zelo; não se esquecem de suas esmolas, repetem como amaram e ganharam seu marido; se preocupam na criação dos filhos, no bom tratamento aos seus criados; abençoam por ela sua casa e elogiam os parentes; e como a santa Judite, a chamam de glória de sua linhagem e coroa de todo seu povo; e por mais que digam, mais acham para dizer.

Os vizinhos dizem isso aos alheios, e os pais com ela doutrinam seus filhos, e dos filhos passa para os netos e se estende sua fama por todo lado crescendo, e passa sua memória com clara e eterna voz, de geração em geração; e não a injuriam os anos, nem com o tempo envelhece, antes com os dias floresce mais.

E assim não é possível que decaia, nem que com a idade desmorone esse edifício com bases no céu, nem de maneira alguma é possível que morra o elogio, daquela que tudo quanto viveu, foi um perpétuo louvor da bondade e grandeza de Deus, a quem só se deve o louvor e a glória. Amém.

Coleção Grandes Obras do Pensamento Universal

1 – *Assim Falava Zaratustra* – F. Nietzsche
2 – *A Origem da Família, da Propriedade Privada e do Estado* – F. Engels
3 – *Elogio da Loucura* – Erasmo de Rotterdam
4 – *A República (parte I)* – Platão
5 – *A República (parte II)* – Platão
6 – *As Paixões da Alma* – R. Descartes
7 – *A Origem da Desigualdade entre os Homens* – J.-J. Rousseau
8 – *A Arte da Guerra* – Maquiavel
9 – *Utopia* – Thomas More
10 – *Discurso do Método* – R. Descartes
11 – *Monarquia* – Dante Alighieri
12 – *O Príncipe* – Maquiavel
13 – *O Contrato Social* – J.-J. Rousseau
14 – *Banquete* – Dante Alighieri
15 – *A Religião nos Limites da Simples Razão* – I. Kant
16 – *A Política* – Aristóteles
17 – *Cândido ou o Otimismo – O Ingênuo* – Voltaire
18 – *Reorganizar a Sociedade* – Augusto Comte
19 – *A Perfeita Mulher Casada* – Luis de León
20 – *A Genealogia da Moral* – Nietzsche
21 – *Reflexões sobre a Vaidade dos Homens* – Mathias Aires

Impressão e acabamento:
Oceano Ind. Gráfica (11) 4446-6544